BIBLIOTHÈQUE

PORTATIVE

DES VOYAGES.

TOME XXV.

CONDITIONS DE LA SOUSCRIPTION.

L'ouvrage sera publié en 12 *livraisons*, qui seront mises en vente de mois en mois, à dater du 15 *Mai*; chaque livraison sera composée de 4 volumes ; la dernière seule en aura 5, et sera néanmoins du même prix que les précédentes.

Le prix de chaque livraison, pour les personnes qui souscriront avant le 1er *Juillet prochain*, est fixé, sur papier fin, à . . 5 fr.

Papier d'Angoulême, Nom-de-Jésus.   8

Papier vélin satiné, fig. avant la lettre. 10

Papier vélin satiné, Nom-de-Jésus, figures avant la lettre 15

Passé le 1er Juillet, le prix pour les non-souscripteurs, sera, en papier fin. . 6

Papier d'Angoulême, Nom-de-Jésus. 10

Papier vélin satiné. 12

Papier vélin satiné, Nom-de-Jésus. . 20

Il faut ajouter 1 fr. 50 c. au prix de chaque livraison pour recevoir l'ouvrage franc de port par la poste.

ON NE PAYE RIEN D'AVANCE.

DE L'IMPRIMERIE DE G. MUNIER.—AN VII.

BIBLIOTHÈQUE

PORTATIVE

DES VOYAGES,

TRADUITE DE L'ANGLAIS

Par MM. HENRY *et* BRETON,

TOME XXV.

~~~~~~~~~~

TROISIÈME VOYAGE DE COOK.

TOME II.

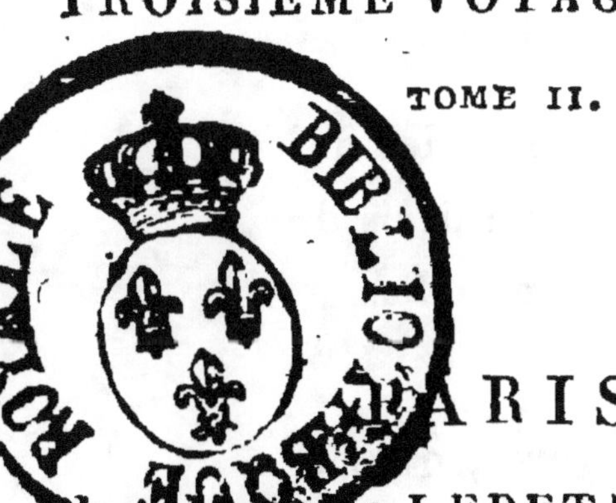

PARIS,

Chez LE PETIT, libraire, rue
Pavée-Saint-André-des-Arcs, n.º 2.

1817.
~~~~~~~~~~

VOYAGES DE COOK.

RELATION

Des découvertes faites dans la mer du Sud, pendant les années 1776, 1777, 1778, 1779, et 1780.

CHAPITRE VII.

Départ de Tongataboo et des îles des Amis. — Détails sur les naturels de ces îles. — Famille des Tammahas.

TONGATABOO, Amsterdam, ou simplement Tonga, est une île d'environ vingt lieues de tour, dont la plus grande longueur est de l'est à l'ouest. C'est une terre fort basse. Le *bogoo*, sorte de figuier à feuilles étroites et pointues, est l'arbre le plus grand qu'on y trouve. Sa situation, vers le Tropique, rend son climat assez variable. Les fruits cultivés sont sur-tout les bananes et les fruits-à-pain. Il y a deux espèces d'ignames : on y connaît le cocotier et trois espèces de palmiers, dont deux sont fort rares.

Nous ne vîmes, dans cette île, d'autres quadrupèdes que les cochons, les rats, et les chiens, qui cependant n'y sont point indigènes.

Les oiseaux sont des poules domestiques, des perroquets, des hiboux, des martins-pêcheurs, des râles, des foulques, des hirondelles, et des pigeons.

Les oiseaux de mer sont des canards, des hérons bleus et blancs, des oiseaux du Tropique, des nigauds, des corlieus, et des pluviers.

Les seuls reptiles ou insectes nuisibles ou dégoûtans sont une sorte de couleuvre de mer, des scorpions, et des centipèdes. On y compte une cinquantaine d'insectes, tels que mites, papillons, et grosses araignées. La mer fourmille en poissons, mais leur variété n'est pas considérable.

Le 10 juillet 1777, les vaisseaux levèrent l'ancre ; le surlendemain, ils mouillèrent à l'ile de Middlebourg, ou Eooa.

Taoofa, chef de l'île, qui avoit

été *tayo* de M. Cook, lors de son
dernier voyage, se rendit sur son
bord avec plusieurs autres insulaires, et descendit avec lui. Le principal objet de cette relâche était de
faire de l'eau : on lui avait parlé
d'un ruisseau limpide, qui se dé-
chargeait dans la mer, mais il ne
trouva qu'une source saumâtre.

Pour en avoir de convenable, il
fallut l'aller chercher dans l'intérieur
des terres. On mit à terre le bélier
et les deux brebis du cap : on les
confia à Toofa, qui parut s'énor-
gueillir de ce dépôt.

Nos navigateurs apprirent que la
plupart des terres appartenoient aux
grands chefs de *Tongataboo*, et que
les habitans n'étoient que leurs cen-
sitaires ou vassaux. On offrit à O-maï

de lui donner la dignité de chef dans cette île : peut-être eût-il accepté, si M. Cook n'eût eu des raisons particulières pour s'y opposer.

Les Anglais trouvèrent, dans leurs courses, le cadavre d'un insulaire cruellement maltraité : on l'avoit assommé à coups de massues, parce qu'il avoit été surpris dans une situation peu honnête avec une femme qui étoit *tabao*, c'est-à-dire qui appartenoit à un autre, et était d'un rang plus élevé que son amant. On leur dit que la femme ne subiroit pas un châtiment si rigoureux, qu'elle en seroit quitte pour quelques coups de bâton.

M. Cook sema des melons, un ananas, et d'autres végétaux dans la plantation du chef. Il avoit tout

lieu de croire que ses soins ne se-
roient pas infructueux, puisqu'on
lui avoit servi à dîner un plat de
navets, dont il avoit laissé la se-
mence, lors de son dernier voyage.

Pour amuser les voyageurs, on
leur donna le spectacles de luttes et
de pugilats, où des femmes se mê-
loient aussi bien que les hommes.
On devoit terminer par un *bomaï*
ou danse de nuit; mais un incident
malheureux troubla la fête. Un des
gens de la *Résolution*, s'étant écarté,
fut attaqué par une trentaine d'insulaires, qui le dépouillèrent de
tout ce qu'il avoit sur lui. A peine
en eut-on reçu la nouvelle, que M.
Cook fit saisir deux canots et un
gros porc, et enjoignit de plus à
Taoofa qu'il eût à rendre les effets

et livrer les coupables. L'assemblée se sépara. Bientôt après on livra un des coupables, et l'on rapporta quelques pièces d'habillement.

M. Cook ne lâcha son prisonnier que le lendemain. On rapporta le reste des effets volés; mais ils étoient si délâbrés, qu'ils ne valoient pas la peine qu'on les reçût. M. Cook n'en fit pas moins des présens à Taoofa; il lui donna sur-tout un bout de barre de fer, l'objet le plus agréable dont il pût le gratifier. Le même jour on remit à la voile.

C'est ainsi qu'après un séjour de trois mois, nos navigateurs s'éloignèrent des *îles des Amis*. Il faut comprendre, sous cette dénomination, le groupe d'*Hapaée*, toutes les îles découvertes au nord presque sous le même méridien, et enfin toutes celles que n'avoient pas encore visitées les navigateurs européens, et dont Tongataboo est en quelque sorte la capitale, quoiqu'elle ne soit pas la plus grande.

Suivant les insulaires, cet archipel est d'une vaste étendue. Ils indiquoient leur nombre par des morceaux de feuilles, et en indiquoient plus de 150. Les naturels des îles des Amis sont d'une taille, qui rarement excède la hauteur ordinaire; ils sont forts et bien faits; mais il règne tant de variété entre les habitans des différentes îles, qu'il seroit difficile de leur assigner des caractères généraux; quelques-uns ont absolument des traits européens. (*Voyez dans la pl. du 3e atlas le portrait*

portrait d'une femme d'Eooa.) Une sorte de dartre affecte quelquefois les parties du corps, et notamment le visage. Malgré la ressemblance qu'elle a avec les maladies vénériennes, il y a tout lieu de croire qu'elle n'a point été introduite chez eux par les Européens, puisque, d'après leur propre assertion, ils la connoissoient long-temps avant l'arrivée du premier vaisseau anglais. Mais, ce qui est fort extraordinaire, ils y font peu d'attention.

La réception amicale qu'ils ont jusqu'à présent faite à tous les étrangers a mérité le nom honorable qu'on a donné à leur archipel ; jamais ils n'ont eu recours à des hostilités. Ils entendoient si bien le trafic, que l'on pensoit d'abord qu'ils

en avoient été instruits par des relations commerciales avec les îles voisines ; mais on s'assura, par la suite,
qu'ils ne négocioient qu'avec le peuple de Feejée pour avoir des plumes
rouges et quelques autres objets eu
petit nombre. On leur confioit ,
sans le moindre risque , tous les
objets d'échange, pour les examiner
à leur aise ; ils se reposoient également sur la bonne foi des Européens.
Quand une des parties se repentoit
du marché qu'elle avoit conclu, on
se rendoit amicalement, de part et
d'autre , les objets échangés.

L'habillement des deux sexes est
identique; c'est une pièce de natte
ou d'étoffe attachée autour de la
ceinture , et qui pend comme un
jupon sur le devant de la jambe. La

propreté paroît être leur plus chère jouissance: ils se baignent continuellement dans des étangs; quoique l'eau de la plupart soit d'une fétidité insupportable, ils la préfèrent à l'eau salée, disant que celle-ci endommage la peau. Aussi, lorsqu'ils sont contraints de se baigner dans la mer, ils ont toujours une tasse de coco pleine d'eau douce, pour s'en laver ensuite; c'est pour la même raison qu'après les bains, ils s'oignent tout le corps d'huile de coco.

Ces insulaires mènent une vie, qui n'est ni trop pénible ni trop indolente; les femmes se livrent principalement à la fabrication des nattes et des étoffes; les hommes s'occupent de l'agriculture, de l'architecture, de la construction des pi-

rogues, de la pêche, et de tous les
détails relatifs à la navigation. Cependant, quoiqu'ils montrent en
général beaucoup d'industrie et
de goût, ils construisent leurs maisons d'une manière très-imparfaite :
cela vient de ce qu'ils aiment à
vivre en plein air. Ils ne se retirent
dans leurs huttes que pour dormir,
ou se mettre à l'abri du mauvais
temps : ils y mangent rarement.

Ils aiment tant à vivre en société,
qu'ils quittent leurs maisons, et vont
rejoindre leurs voisins et leurs amis,
pour s'amuser et converser ensemble. Leurs principaux amusemens
sont la danse, la musique vocale et
instrumentale. On n'a pu s'assurer
si leurs mariages sont consolidés par
quelque contrat solemnel : il est

certain que les gens du peuple n'ont qu'une femme; les chefs en ont plusieurs, mais elles ne paroissent pas occuper le même rang.

En voyant d'abord la conduite libre et lascive, de la part des femmes mariées, on s'attendoit à les trouver infidèles, mais on se trompa ; les filles même sont très-réservées. Au reste il y a, dans ces îles, un grand nombre de courtisanes, mais elles sont de la lie du peuple.

La longueur du deuil, en usage parmi ces peuples, prouve qu'ils regardent la mort comme un grand malheur; c'est ce qui est encore confirmé par un usage bizarre, en vogue parmi eux. Quand ils sont atteints de quelque maladie dangereuse , ils

se coupent un petit doigt, ou quelquefois les deux. Sur dix personnes,
il s'en trouve à peine une qui n'ait
pas cette mutilation. Elle offre un
aspect d'autant plus dégoûtant, que,
comme ils se servent pour cela de
leurs petites haches, ils emportent
souvent une partie de l'os de la main.

Le soin avec lequel ils célèbrent
les funérailles n'a point pour but
de procurer à l'ame quelque avantage au-delà de la tombe. Ils ne
croient point à la punition du ciel
après la mort : ils pensent que les
coupables ne sont châtiés que pendant leur vie. Ils appellent l'Etre
suprême *Kallafoo-tonga*; c'est,
suivant eux, un génie femelle, qui
réside dans le Ciel, et qui est
maître du tonnerre, des vents,

et de la pluie. Quand la déesse est irritée, elle détruit toutes les productions de la terre. Elle frappe de mort les hommes et les animaux; mais, dès que sa colère s'appaise, tout rentre dans l'ordre. Ils admettent plusieurs divinités inférieures, qui président aux nuages, aux brouillards, à la mer, à ses productions, etc. Cependant cette mythologie n'est pas admise dans tout l'archipel; les noms varient suivant les différentes îles. Ils croient qu'à l'instant de la mort, les ames du peuple subissent une sorte de transmigration, et qu'elles sont mangées par un oiseau, nommé *Loata*, qui, pour cet effet, se promène sur leurs tombes. Quant aux ames des chefs, elles quittent les corps, et se rendent dans un lieu nommé *Boolootoo*, dont le dieu se nomme *Gooleho*. Le *Gooleho* est la mort personnifiée. Ils disoient en effet souvent aux Anglais : Vous et les hommes de *Feejée* (croyant, par ce rapprochement , faire un compliment aux Anglais, et exprimer leur supériorité au-dessus d'eux-mêmes), vous êtes, aussi bien que nous, assujétis à la puissance de Gooleho. Une fois arrivé dans cette demeure universelle des ames, on ne meurt plus ; on se nourrit de tout ce que leur pays a produit de meilleur, et qui s'y trouve en abondance.

On peut assurer qu'ils n'adorent aucun ouvrage de leurs mains ; ils ne font point, comme à Otahiti, d'offrandes de cochons , de chiens , ni même de fruits , à moins que ce ne soit comme de symboles ; mais ils font des sacrifices humains.

La forme du gouvernement de ces îles a quelque rapport avec le gouvernement féodal de nos ancêtres. Poulaho , le chef suprême , avoit un pouvoir illimité ; mais Mareewagée , le vieux Tooboa , et Feenou , le rivalisoient souvent en puissance.

Rien n'égale la vénération de ces peuples pour leur souverain et pour leurs chefs. Qui que ce soit ne peut s'approcher du roi , se placer derrière lui ou à ses côtés , sans sa permission expresse , ou sans une nécessité indispensable. Pour lui par-

ler, il faut être assis, les jambes croi-
sées, et à une certaine distance.
Quand le roi se promène, tous ceux
qui se trouvent sur sa route doivent
s'asseoir jusqu'à ce qu'il soit passé.
Il n'est permis à personne de se
placer au-dessus de sa tête ; il faut
être, en quelque façon, au niveau
de ses pieds.

Pour faire hommage au roi, l'on
s'accroupit, et l'on baisse sa tête
jusqu'à ses pieds ; on ne se lève
qu'après en avoir touché la plante
avec la paume et le dos de sa main.
Le roi ne peut se refuser de se prêter
à cette cérémonie; aussi étoit-ce une
obligation très-fatigante pour un
homme de la corpulence de Poulaho. Après avoir touché de cette
manière les pieds du chef, ils sont,

pendant un certain temps, interdits de l'usage de leurs mains; ils ne peuvent toucher aucune nourriture avant de les avoir lavées. La rareté de l'eau pourroit rendre cet usage fort incommode; mais ils y suppléent par le jus d'une certaine plante.

Il est d'autres interdictions qui durent plus long-temps. Les Anglais ont vu des femmes *taboo-re-ma*, c'est-à-dire, à qui l'usage de leurs mains étoit absolument prohibé; elles étoit obligées de se faire nourrir par d'autres. O-maï prétendoit que le roi avoit seul le droit de relever de cette interdiction : c'est là sans doute ce qui le fait voyager d'île en île. On vit néanmoins Feenou affranchir une de ses femmes d'une telle servitude.

Le vieux Tooboa étoit alors président du *Taboo*, c'est-à-dire, que lui et ses délégués avoient l'inspection sur toutes les productions de l'île ; ils indiquoient ce que l'on devoit ou l'on ne devoit pas manger; ils avoient soin en même temps de veiller à ce que chacun cultivât sa portion de terrain. Graces à cette sage précaution, on prévient les famines, on empêche qu'il ne se fasse des dégâts.

Ils ont, parmi eux, une espèce de censeur ou d'officier de police : Feenou en exerçoit alors les fonctions. Sa charge consistoit à punir tout ce qui se commettoit contre l'intérêt public ou privé : il étoit

aussi généralissime. Le roi expliqua
souvent aux Anglais la nature de
l'emploi de Feenou. Il assura que
si lui-même il devenoit un méchant
homme, Feenou le tueroit. Il seroit,
d'après cela, difficile de considérer,
comme despote absolu, un prince
soumis à une aussi terrible cen-
sure.

Si l'on songe à la quantité d'îles
qui composent ce petit royaume,
et la distance considérable qui en
sépare quelques-unes du siège du
gouvernement, il semble qu'il y
auroit lieu de craindre que plusieurs
ne fissent des tentatives pour se
rendre indépendantes : cependant
cela n'est pas encore arrivé. Tous
les chefs puissans résidant à Tongataboo, il y a moins de danger que

le pays soit livré à des dissensions domestiques.

Depuis long-temps l'ordre de la succession au trône n'y a point été interrompu. Une circonstance a fait connoître que la dynastie actuelle a régné en ligne directe depuis plus de 135 ans. On leur demanda s'ils avoient conservé le souvenir du voyage de Tasman. On remarqua que l'histoire de son arrivée avoit été conservée avec une exactitude telle, qu'elle prouve que l'on peut quelquefois compter sur les tradic- tions orales. Les insulaires faisoient la description fidèle des vaisseaux, désignoient les lieux où ils avoient jeté l'ancre, le peu de jours qu'a- voit duré leur relâche, et leur dé- part pour *Annamooka*. Pour indi-

quer l'intervalle de temps qui étoit
écoulé, ils nommèrent Futtafaihe,
qui régnoit alors, et qui étoit très-
avancé en âge ; puis tous ses suc-
cesseurs jusqu'à Poulaho, qui étoit
le cinquième depuis cette époque.

Malgré tout ce que nous venons
de dire, Poulaho n'occupoit pas
précisément le premier rang. Latoolibooloo, qui, lors du premier
voyage de M. Cook, lui avoit été
présenté comme roi, et trois femmes,
ont, à certains égards, quelque
supériorité. Le dernier roi, père de
Poulaho, avoit une sœur, qui étoit
son aînée. Cette princesse épousa
un homme de Feejée, et en eut un
garçon et deux filles. Cette famille
portoit le titre de *Tammahas*, et
avoit le pas sur le roi. On vit une

de ces femmes recevoir de Poulaho l'hommage qui lui étoit rendu par ses autres sujets. Latoolibooloo possédoit des domaines immenses; il avoit le droit de prendre ce qu'il vouloit, même de la propriété du roi. Poulaho cessa de manger, et se mit à l'écart un jour que Latoolibooloo entroit dans la même maison: ce dernier néanmoins passoit pour un homme peu éclairé. Les Anglais virent, à Eooa, son fils, qui jouissoit des mêmes privilèges honorifiques que son père. Malgré tout cela, dans la cérémonie du Natche, Latoolibooloo ne jouissoit d'aucune distinction; il y étoit confondu dans la foule des chefs.

Les marées sont plus considérables dans ces îles que dans toutes celles de la zone torride.

CHAPITRE VIII.

Isle de Toobouai. — Arrivée à Otahiti. — Réception que l'on fait à O-maï. — Voyage de deux vaisseaux espagnols.

Le 8 août, nous découvrîmes une île, que les naturels nomment Toobouai, mais que nous n'eûmes pas le temps d'examiner. D'après le témoignage des insulaires qui vinrent à notre rencontre sur deux pirogues, cette terre produit des cochons, des volailles, tous les fruits et les racines que l'on trouve dans les autres îles de la mer du sud. Les habitans de Toobouai parlent la langue d'Otahiti. Ceux que nous apperçûmes dans les pirogues étoient nerveux et robustes : un pagne étroit enveloppoit leurs reins. L'un de ceux qui étoient sur le rivage souffloit dans une grosse conque, à laquelle étoit fixé un roseau long d'environ deux pieds : il ne paroît pas que cette conque fût un signal de paix et d'amitié. Le lendemain 12, nous apperçûmes *Maitea*, et bientôt après Otahiti : je gouvernai sur la baie d'Oheitepeha. Dès que nous approchâmes de l'île, plusieurs pirogues, conduites chacune par deux ou trois hommes, s'avancèrent du côté des vaisseaux. Nous vîmes arriver un chef nommé Ootée, que j'avois connu autrefois ; il étoit beau-frère d'O-maï, et se trouvoit par hasard dans cette partie de l'île ; trois ou quatre personnes, qui toutes avoient connu O-maï avant qu'il s'embarquât avec le capitaine Furneaux, l'accompagnoient ; ils témoignèrent tous à O-maï une indifférence parfaite, jusqu'à ce que celui-ci, ayant amené son beau-frère dans sa chambre, ouvrît la caisse qui renfermoit ses plumes rouges, et lui en donnât quelques-unes. Dès ce moment, tout changea de face ; Ootée, qui avoit à peine daigné parler à O-maï, le supplia de permettre qu'ils fussent *tayos*, ét voulut changer de nom avec lui. O-maï accepta cet honneur ; et, pour en témoigner sa reconnoissance, il fit à Ootée un présent de plumes rouges : il reçut en retour un cochon. Ce n'étoit donc pas O-maï que l'on accueilloit, mais ses richesses. J'avoue que je m'y étois attendu; mais je comptais qu'avec les trésors dont la libéralité de ses amis d'Angleterre l'avoit comblé, O-maï pourroit devenir un personnage important; que les chefs les plus distingués des différentes îles de la *Société* s'empresseroient de lui faire leur cour. Cela n'eût pas manqué d'arriver, si O-maï se fût conduit avec plus de circonspection; mais il négligea les conseils des personnes qui lui vouloient du bien, et se laissa duper par tous les fripons du pays.

Les naturels avec qui nous conversâmes nous apprirent que, depuis mon départ en 1774, deux bâtimens étrangers avoient abordé deux fois dans la baie d'Oheitepeha, qu'ils y avoient laissé des animaux semblables à ceux que nous avions à bord, tels que des cochons, des chiens, des chèvres, un taureau, et un autre quadrupède mâle, dont nous ne pûmes deviner l'espèce, d'après la description imparfaite qu'on nous en donna. Ils nous dirent que ces vaisseaux venoient d'un port appelé *Rima.* Nous conjecturâmes que ce pouvoit être *Lima,* capitale du Pérou, et que les bâtimens étoient espagnols. On nous dit aussi que, durant leur première relâche, les étrangers avoient construit une maison dans l'île, et qu'ils y avoient laissé quatre hommes ; savoir, deux prêtres, un domestique, et une quatrième personne nommée *Matima.*

Ils ajoutèrent qu'ils avoient emmené avec eux quatre des naturels ; que les bâtimens étoient revenus dix mois environ après ; qu'ils avoient ramené seulement deux des Otahitiens, les deux autres étant morts à *Rima* ; enfin, qu'après un séjour de peu de durée, ils avoient embarqué leurs compatriotes, mais que la maison construite par eux existoit encore.

La nouvelle s'étant répandue dans l'île, qu'O-maï avoit des plumes rouges à bord, attira vers les vaisseaux un concours immense d'habitans. Avec un petit paquet de ces plumes, nous nous procurions d'abord un cochon du poids de 40 ou 50 livres ; mais presque toutes les personnes des bâtimens s'étant char-

gées d'une pacotille de cette marchandise précieuse, sa valeur dimi-
nua de cinquante pour cent avant la
nuit. Les clous, les grains de verre,
et autres bagatelles de ce genre, qui,
lors de nos précédens voyages,
étoient si fort recherchés, ne se
trouvèrent plus avoir une grande
vogue.

La sœur d'O-maï vint à bord, et
nous fûmes témoins d'une scène at-
tendrissante; après cette entrevue,
je me rendis à terre avec O-maï. Mon
dessein étoit de voir un personnage
bien surprenant : à l'en croire, c'é-
toit le dieu de Bolabola. Nous le
trouvâmes assis sous un de ces abris
qu'offrent ordinairement leurs plus
grandes pirogues. Il étoit dans la
décrépitude ; on étoit obligé de le

porter sur une civière. Quelques insulaires l'appeloient *Olla*, ou *Orra*,
nom du dieu de Bolabola ; mais son
vrai nom étoit *Etary*. Je comptois,
d'après ce que j'avois entendu dire,
que le peuple avoit pour lui une
sorte d'adoration religieuse ; mais,
excepté de jeunes bananiers, qui
étoient placés devant lui, je n'apperçus rien qui le distinguât des
autres chefs. O-maï lui offrit une
touffe de plumes rouges attachées
au bas d'une baguette ; et, lorsqu'il
eut causé quelques instans avec ce
prétendu dieu, une vieille femme,
sœur de sa mère, se précipita à ses
pieds, et les arrosa de larmes de
joie.

Je laissai O-maï avec sa tante, et
j'allai examiner la maison bâtie par

les

les Espagnols. Elle étoit peu éloignée du rivage. Les bois qui la composoient me parurent avoir été apportés dans l'île tout préparés ; chacun d'eux étoit étiqueté d'un numéro. Elle étoit divisée en deux petites chambres : je remarquai, dans la seconde, un bois de lit, une table, un banc, de vieux chapeaux, et d'autres objets de peu de valeur, que les naturels paroissoient conserver avec soin. Ils ne prenoient pas moins de peine de la maison, qui étoit couverte d'un hangar, et que le temps n'avoit nullement endommagée. Les murailles étoient percées de trous, qui laissoient un passage à l'air, et qui étoient peut-être des meurtrières, par lesquelles, en cas d'attaque, les Espagnols auroient tiré des coups de fusil. Il y avoit, près de la façade, une croix, sur laquelle on lisoit l'inscription suivante :

Christus vincit.

Sur la branche verticale étoit écrit :

Carolus III, imperator, 1774.

Afin de conserver la mémoire des voyages antérieurement faits par les Anglais, je gravai, de l'autre côté de la croix, cette inscription :

Georgius tertius, rex, annis 1767, 1769, 1773, 1774 et 1777.

Les naturels nous firent voir, aux environs de la croix, le tombeau du commandant des deux vaisseaux, qui étoit mort pendant la première relâche : ils l'appelóient *Oride*. Quelques motifs qui aient pu conduire les Espagnols dans cette île, ils paroissent avoir pris les plus grands soins de se rendre agréables aux habitans. Ceux-ci, dans toutes les occasions, nous en parloient avec le plus profond respect.

Nous apprîmes que la célèbre Obéréa n'existoit plus, qu'O-too et tous nos autres amis se portoient bien. Waheiadooa, souverain de Tiaraboo, étoit mort; il avoit été remplacé par son frère du même nom, âgé d'environ dix ans. Le 17, au matin, le jeune prince, qui m'avoit envoyé, la veille, deux cochons, par son tuteur, me fit instruire de son arrivée. J'allai lui rendre, avec O-maï, une visite de cérémonie. O-maï ne s'habilla ni à l'anglaise, ni à la mode d'Otahiti, ni à celle de Tongataboo; mais il se fit un accoutrement bizarre de toutes sortes de vêtemens. Nous allâmes rejoindre Etary, que l'on transporta, sur une civière, dans une grande maison, où nous nous assîmes tous. Je fis étendre par terre une grande pièce d'étoffe de Tongataboo, sur laquelle on déposa les présens que j'apportois. Wáheiadooa parut bientôt avec sa mère et plusieurs autres personnages considérables. Un homme, assis près de moi, prononça une harangue composée de phrases courtes et décousues, dont la plus grande partie lui fut soufflée par ceux qui l'entouroient. Un autre insulaire, du côté opposé, lui répondit. Etary et O-maï prirent ensuite successivement la parole. Un orateur répondit à chacun d'eux. Ces discours rouloient uniquement sur mon arrivée et sur mes liaisons avec les naturels. L'Otahitien, qui porta la parole le dernier, m'annonça, entre autres choses, que les hommes de *Rima* (les Espagnols) leur avoient fortement recommandé de ne pas me laisser entrer dans la baie d'*Oheite-peha*, si j'abordois de nouveau sur cette île ; mais que, loin de consentir à cette requête, il étoit autorisé à me céder la province de *Tiaraboo* et tout ce qui en dépend. J'en conclus que ces peuplades ont une sorte de politique, et qu'elles savent s'accommoder aux circonstances. Enfin, Waheiadooa vint m'embrasser, et nous échangeâmes nos noms, en signe d'amitié. Après la cérémonie, je l'emmenai dîner à bord, lui et ses amis.

O-maï avoit préparé un ornement superbe de plumes rouges et jaunes; il le destinoit à O-too, roi de l'île entière. Je fis tout ce que je pus, pour l'engager à ne pas faire voir cet ornement, et à le remettre en propres mains à O-too. O-maï ne voulut pas m'écouter; il eut l'imprudence de le confier à Waheiadooa, en le chargeant de l'envoyer à O-too. Ce que j'avois prévu arriva. Waheiadooa garda pour lui plus des $\frac{19}{20}$ du présent, et O-maï mécontenta les deux princes; O-too particulièrement dut en être très-blessé.

Plusieurs de nos messieurs avoient, en se promenant, découvert un temple gardé par des hommes, et qu'ils regardoient comme une chapelle catholique. Je me rendis moi-même sur les lieux, et vérifiai que c'étoit le *Toopapaoo*, ou lieu de sépulture, où l'on conservoit précieusement le corps de Thée, prédécesseur de Waheiadooa, mort depuis vingt mois.

Le 23, au matin, voulant partir pour Matavaï, j'allai prendre congé de Waheiadooa. Tandis que nous conversions, un des illuminés fanatiques, appelés dans le pays *Eatooas*, parce qu'on les croit inspirés de Dieu, vint se placer devant nous.

Il parla d'un ton de voix si aigre, qu'il me fut impossible de l'entendre. Si j'en crois O-maï, il conseilloit au jeune prince de ne pas me suivre à Matavaï, quoique jusqu'alors il n'eut point été question entre nous de ce projet de voyage. L'eatooa assura de plus que les vaisseaux ne parviendroient pas ce jour-là à Matavaï. Les apparences sembloient favoriser sa prédiction, car il ne faisoit pas le moindre vent. Il se trompa néanmoins. Tandis qu'il s'exprimoit avec chaleur, il tomba une forte ondée qui mit en fuite tout le monde, excepté le prophète, qui n'en continua pas moins ses vociférations. Personne ne tint compte de ses discours, et les gens du pays s'en moquèrent. Je demandai à

Waheiadooa si cet original étoit de la classe des Earées, ou de celle des Towtows. Il me répondit qu'il étoit *Taata-eno*, c'est-à-dire un méchant homme.

O-maï m'assura que, dans leurs accès, les Eatooas ne connoissent personne, pas même leurs amis intimes; que s'ils ont des richesses, ils les distribuent au public, à moins qu'on n'y mette ordre. Lorsqu'ils ont repris l'usage de leurs sens, ils demandent ce que sont devenus les objets dont ils ont fait des présens: ils ne paroissent pas conserver le plus léger souvenir de ce qui s'est passé pendant leur accès.

Nous mîmes à la voile. La *Résolution* mouilla, vers le soir, dans la baie: la *Découverte* n'y arriva que le lendemain, de sorte que la prédiction du fou fut à moitié accomplie.

* * *

CHAPITRE IX.

Entrevue avec O-too. — Imprudence d'O-maï. — Sacrifice d'une victime humaine. — Entreprise des Otahitiens contre l'île d'Eiméo.

O-TOO arriva d'O-parée, lieu de sa résidence, et me fit avertir qu'il desiroit beaucoup me voir. Je me rendis en sa présence avec O-maï, et nous nous fîmes des présens réciproques. O-maï avoit d'abord fixé foiblement l'attention des insulaires;

mais tous recherchèrent avec empressement son amitié, dès qu'ils connurent son opulence.

Dans l'après-dînée, je ramenai O-too à O-parée. Je pris avec moi les volailles que je voulois introduire dans cette île : c'étoient un paon et sa femelle, un coq d'Inde et une poule, quatre oies, dont un mâle et trois femelles, un canard mâle et quatre femelles. Je donnai tous ces volatiles à O-too. Les femelles couvoient déjà lorsque nous quittâmes l'île. Nous y trouvâmes une oie mâle, dont le capitaine Wallis avoit fait présent à Obéréa, plusieurs chèvres, et le taureau espagnol, qui étoit attaché à un arbre, auprès de la maison d'O-too. Ce superbe animal appartenoit à Etary ;

on l'avoit amené d'*Oheitepeha* dans
ce lieu, d'où on vouloit l'embarquer pour Bolabola. Je ne saurois
concevoir comment on est venu à
bout de le transporter sur une des
pirogues du pays. Au surplus, il eût
été bien inutile sans notre arrivée,
puisqu'il n'avoit pas de vaches. Les
naturels nous dirent qu'il y avoit
des vaches à bord des bâtimens espagnols, mais que le capitaine les
avoit rembarqués. Je croirois plutôt
que les vaches étoient mortes pendant la traversée. J'envoyai, le lendemain, à ce taureau, les trois vaches
que j'avois à bord. Je fis également
conduire à Matavaï le taureau, le
cheval, la jument, et les moutons
dont je me proposois de gratifier les
Otahitiens.

Le

Le 26 août, je fis défricher une pièce de terre, et j'y plantai diverses graines de jardinage et plusieurs fruits. Mes graines et mes arbres ne manqueront pas de réussir, à moins que leur végétation ne soit arrêtée par la même curiosité prématurée qui a causé la destruction d'un cep de vigne, planté par les Espagnols à Oheitepeha. Quelques insulaires s'étant assemblés pour goûter les premiers raisins que donna la vigne, ils les trouvèrent aigres, jugèrent que c'étoit une espèce de poison, et foulèrent aux pieds le cep. O-maï, ayant par hasard découvert ce plant de vigne, en fut charmé; il pensa que s'il avoit une fois des raisins, il seroit facile d'en faire du vin. Il se hâta d'en couper plusieurs boutures, qu'il se proposoit d'emporter dans sa patrie. Nous taillâmes le cep qui n'étoit pas déraciné, et nous creusâmes la terre tout autour. Il est probable que les Otahitiens, mieux éclairés par les conseils d'O-maï, attendront dorénavant que les fruits soient mûrs, avant d'y goûter.

Tous nos anciens amis vinrent nous voir, et nous comblèrent de présens. L'un des naturels, qui avoit fait le voyage de Lima, vint également nous rendre visite. On ne pouvoit le distinguer à ses manières, ni à son extérieur, de ses compatriotes : il se souvenoit cependant d'un petit nombre de mots espagnols, qu'il prononçoit assez mal. Il répétoit sur-tout fréquemment *si senor*.

Nous retrouvâmes aussi le jeune

homme que nous appelâmes autrefois Œdidée, mais dont le vrai nom
est *Heete-heete*. Il s'efforçoit de
s'exprimer en anglais; il disoit souvent : *Yes, sir; if you please, sir*.
Ce jeune homme étoit depuis trois
mois à Otahiti. Il préféroit, à nos
modes et à notre parure, celles de
ses compatriotes. Il en sera peut-
être de même d'O-maï.

Le 27, un homme d'Oheitepeha
vint nous dire que, depuis 24 heures, deux vaisseaux espagnols étoient
à l'ancre dans cette baie; et, pour
ne laisser aucun doute sur sa véra-
cité, il nous montra un morceau de
gros drap bleu, presque neuf, qu'il
assuroit avoir reçu de l'un de ces
bâtimens. Il ajouta que Matima
montoit l'un de ces bâtimens, et

que, sous un ou deux jours, ils se rendroient à Matavaï. D'autres circonstances donnoient une grande vraisemblance à son rapport. J'ordonnai au lieutenant Williamson de prendre un canot, et d'aller s'assurer du fait. Je mis promptement les vaisseaux en état de défense ; car, bien qu'au moment de notre départ d'Europe, la paix régnât entre l'Angleterre et l'Espagne, la guerre pouvoit bien avoir éclaté depuis. Mais des informations ultérieures me firent croire que la nouvelle étoit fausse. M. Williamson, étant revenu le lendemain, acheva de m'en convaincre. Les habitans de Matavaï nous avoient déclaré, dès le premier moment, que c'étoit un artifice imaginé par ceux de *Tiarraboo*. Ils es-

péroient sans doute me déterminer,
par ce message, à quitter Matavaï,
et priver, par ce moyen, la nation
d'Otahiti-nooe, des avantages que
notre séjour pouvoit lui procurer.

Jusqu'à ce moment, O-too et ses
sujets ne s'étoient occupés que de
nous; mais des messagers d'Eiméo
leur donnèrent d'autres soins. Ils
reçurent la nouvelle que les habitans de cette île s'étoient insurgés,
que les partisans d'O-too avoient
été battus, et contraints de fuir dans
les montagnes. La querelle, qui
éclata, en 1774, entre les deux îles,
et qui occasionna l'armement formi-
dable dont j'ai rendu compte, paroît n'avoir pas cessé de subsister
depuis. L'escadre n'avoit obtenu
qu'un succès précaire.

Tous les chefs tinrent un conseil chez O-too, et j'eus l'honneur d'en faire partie. Plusieurs orateurs proposoient la guerre; d'autres penchoient pour la paix; et je vis le moment où l'on en viendroit à des voies de fait, comme dans les diètes de Pologne; mais la faction qui étoit pour la guerre finit par l'emporter. On me pressa de prendre parti dans cette affaire; mais je déclarai que, ne connoissant pas bien le motif de leur querelle, et n'ayant point reçu d'offense des insulaires d'Eiméo, je ne me croyois point en droit de me livrer à des hostilités contre eux. Cette déclaration parut les satisfaire.

Je desirois toutefois ménager un accommodement entre les deux puissances; mais je ne pus en venir

à bout. On me dit que, quelques
années auparavant, un frère de Waheiadooa, étant parti de Tiarraboo,
pour occuper le trône d'Eiméo, sur
l'invitation de Maheine, chef po-
pulaire de cette île, ce dernier l'a-
voit fait massacrer peu de jours après
son arrivée, et avoit usurpé l'autorité suprême, au préjudice du légi-
time successeur.

Towha, dont j'ai beaucoup parlé
dans ma relation du second voyage,
n'étoit pas à Matavaï à cette époque;
mais je sus qu'il montroit plus d'ar-
deur pour la guerre que les autres
chefs. Le 1er septembre, il fit annoncer à O-too qu'il venoit de tuer
un homme, pour en faire un sacrifice à l'eatooa. Ce sacrifice devoit
avoir lieu dans le grand moraï d'At-

tahooroo. Je crus remarquer que la présence d'O-too étoit indispensablement nécessaire.

Déjà M. Bougainville avoit dit, sur le témoignage de l'Otahitien qu'il a amené en France, que les sacrifices humains étoient en usage à Otahiti. J'avois eu quelques raisons de croire que le fait étoit vrai ; mais, comme on est toujours porté à douter d'une coutume aussi atroce, à moins qu'un voyageur n'en ait été le témoin oculaire, voulant dissiper toutes les incertitudes, je pris le parti d'assister à cette barbare cérémonie. O-too me permit de l'accompagner : nous nous embarquâmes dans mon canot, avec mon vieil ami Potatow, M. Anderson, et M. Webbes. O-maï nous suivoit

dans une pirogue. Nous rejoignîmes,
sur notre route, Towha, qui réclama
mes secours; mais je refusai de nouveau. Il en parut piqué; il lui sembla étrange que, m'étant déclaré
l'ami d'Otahiti, je ne voulusse pas
combattre ses ennemis. Il donna à
O-too deux ou trois plumes rouges
liées ensemble : on plaça un chien
très-maigre dans une de nos pirogues.

Nous arrivâmes au Moraï sur les
deux heures après midi. Une foule
d'hommes et quelques petits garçons
nous escortèrent; mais je ne vis pas
une femme. Le corps de l'infortuné
qu'on alloit offrir aux dieux étoit
dans une pirogue sur la grève, et
gardé par deux prêtres et plusieurs
acolytes. Nous nous arrêtâmes à

vingt ou trente pas des prêtres. Je restai debout à côté d'O-too.

Le cérémonial commença : on tira la victime de la pirogue, et on l'étendit sur le rivage, les pieds tournés vers la mer. On la découvrit, en ôtant les feuilles et les branches de bananiers qui la cachoient; puis on la plaça, parallèlement à la côte. Un prêtre entonna une prière, pendant laquelle on enleva à la victime des cheveux et l'œil gauche, que l'on enveloppa dans une feuille verte, pour les présenter à O-too. Le roi n'y toucha point; mais il remit, à celui qui les lui offroit, la touffe de plumes rouges qu'il avoit reçue de Towha. Les cheveux, l'œil, et les plumes, furent reportés au prêtre. Bientôt après, O-too renvoya aussi d'autres plumes, qu'il m'avoit prié, le matin, de mettre dans ma poche.

Sur ces entrefaites, on entendit un martin-pêcheur, qui voltigeoit dans les arbres : O-too parut regarder cela comme un bon présage, et me dit : C'est l'eatooa.

Le corps fut transporté de là sous un arbre, près duquel étoient trois morceaux de bois minces, ornés de sculptures grossières. On plaça des paquets d'étoffes dans le moraï. On mit, aux pieds de la victime, les touffes de plumes rouges. Les prêtres se rangèrent autour du corps, et l'on nous permit d'en approcher tant qu'il nous plut. Le grand sacrificateur étoit à quelque distance de là : il prononça un discours qu'il adressoit à la victime. Il sembloit

lui faire des reproches; il lui fit différentes questions, et lui demanda
si l'on n'avoit pas eu raison de l'im-
moler. Puis il lui adressoit des prières, comme si le mort eût eu assez
de pouvoir sur la divinité, pour in-
tercéder efficacement auprès d'elle.
Il le supplioit notamment de dé-
livrer aux Otahitiens Eiméo, Maheine, chef de cette île, les femmes,
les cochons, et tout ce qui s'y trouvoit.

Le lieu de la scène changea : on
porta le corps dans la partie la plus
visible du Moraï. Les plumes et les
étoffes furent placées sur les murs
du Moraï, et l'on posa la victime au-
dessous. Les prêtres l'entourèrent
de nouveau, et recommencèrent
leurs cantiques, tandis que quelques-uns

ques-uns de leurs acolytes creu-
soient une fosse où ils jettèrent la
victime ; après quoi, ils la recouvri-
rent de terre et de pierres. Tandis
qu'on enterroit ainsi le cadavre, un
petit garçon jeta des cris. O-maï
dit que c'étoit pour appeler l'eatooa.

Pendant ce temps-là, on avoit préparé un feu. On amena le chien
dont j'ai parlé plus haut, et on le
suffoqua en lui tordant le cou. On
lui brûla les poils, en le passant dans
la flamme : on lui arracha les entrailles, et on les jeta au feu. Les
naturels, chargés de cette opération, se contentèrent de rôtir sur
des pierres chaudes le cœur, le foie,
et les rognons : ils barbouillèrent
ensuite le corps du chien avec du
sang qu'ils avoient dans une noix

de coco. Ils allèrent le placer, ainsi que le foie, devant les prêtres. Ceux-ci prièrent sur le chien, tandis que deux hommes frappoient, par intervalles, de toutes leurs forces, sur deux tambours. Dès que les prières furent finies, on déposa le chien avec son foie, etc., sur un *watta*, ou échafaud de six pieds. Il s'y trouvoit déjà deux gros porcs et deux cochons de lait en putréfaction, et qui exhaloient une fétidité insupportable. Depuis cet instant, nous ne remarquâmes plus sur la physionomie des assistans le recueillement et l'attention religieuse qu'ils avoient eus jusque-là. La cérémonie se termina par une acclamation.

Comme la nuit s'approchoit, on

nous conduisit à une maison appartenant à Potatow : on nous y
donna à souper et à coucher.

On nous avoit dit que les cérémonies recommenceroient le lendemain, et je ne voulois en rien
perdre. Je me rendis de fort bonne
heure sur le lieu de la scène : tout
y étoit tranquille. Bientôt après on
sacrifia un cochon de lait que l'on
déposa sur le whatta. A huit heures, on refit, en présence d'O-too,
une partie du cérémonial de la
veille. Ce qu'il y eut de remarquable, ce fut une sorte de prière qu'on
fit sur le *maro*, ou ceinture d'O-too,
qui est, à Otahiti, le symbole de
la royauté. Cet ornement étoit formé
de plumes jaunes et rouges : on les
avoit d'abord cousues sur des piè

ces de l'étoffe du pays, mais ensuite on les avoit adaptées à une flamme de navire, que le capitaine Wallis avoit arborée sur la côte, lors de son débarquement à Matavaï. Nous reconnûmes que c'étoit en effet une flamme anglaise.

On nettoya après cela le cochon, et on en retira les entrailles. Elles offrirent de ces mouvemens convulsifs qui se font remarquer dans divers organes du corps des animaux récemment tués : les insulaires les regardèrent comme un augure favorable de l'expédition qu'ils alloient entreprendre. Après avoir bien examiné ces entrailles, ils les jettèrent dans le feu.

Le malheureux qui fut sacrifié en cette occasion, me parut être un homme entre deux âges. On nous dit qu'il étoit towtou, c'est-à-dire de la dernière classe des habitans. Je ne pus parvenir à savoir s'il avoit été convaincu d'un crime capital. Il paroît, toutefois, qu'ils n'immolent ainsi que ceux qui ont commis des délits graves, ou bien des vagabonds dangereux. Les meurtrissures que le cadavre avoit derrière la tête et à la tempe droite, et les renseignemens que je me procurai, m'apprirent qu'on l'avoit assommé à coups de pierres.

Ceux que l'on choisit pour victimes n'en sont pas instruits d'avance : ils n'en ont connoissance qu'au moment où on leur porte le coup fatal. La cérémonie s'appelle *poore-eree*, ou la prière du chef ; ils nomment la victime *taata-taboo*, ou l'homme dévoué. C'est le seul cas où nous ayions entendu prononcer à Otahiti le mot *taboo*.

On nous assura qu'il est indispensable d'arracher l'œil gauche de l'homme immolé. Le prêtre le présente au roi, en l'invitant à ouvrir la bouche, mais il le retire; ce n'est qu'une formalité qui est peut-être une race des temps où le roi mangeoit réellement du corps de la victime.

Outre les sacrifices humains, les Otahitiens ont d'autres usages non moins cruels. Ils coupent les mâchoires des ennemis qu'ils ont tués dans les batailles, et les offrent en sacrifice à l'eatooa.

En retournant à Matavaï, nous

entrâmes chez Towha. Il y eut un entretien avec O-too, au sujet de leurs préparatifs hostiles. Il me pressa de nouveau de joindre mes forces aux leurs. Je refusai péremptoirement, et perdis complètement ses bonnes graces. Je m'étois expliqué franchement avec O-too, au sujet du sacrifice dont j'avois été témoin : j'usai de la même liberté avec Towha. Je lui dis qu'un tel sacrifice, loin d'attirer sur la nation les bienfaits de l'eatooa, comme les Otahitiens avoient la stupidité de le croire, attireroit au contraire sur eux la vengeance céleste, et que je ne doutois pas, d'après cela, du mauvais succès de leur expédition contre Maheine.

C'étoit un peu hasarder mes conjectures; au reste, ma prédiction ne manquoit pas de fondement. Il régnoit une grande division entre les chefs : une faction alloit jusqu'à embrasser ouvertement le parti de Maheine. Towha fut extrêmement courroucé de mes discours : sa colère augmenta encore quand je lui dis que s'il s'étoit rendu en Angleterre coupable d'un meurtre, l'élévation de son rang ne l'auroit pas sauvé du gibet. Il s'écria *maeno*, *maeno*! (misérable, misérable!) Il ne voulut pas entendre un mot de plus.

Nous trouvâmes, ce même soir, une habitation remplie d'Otahitiens; on y donnoit un *heïva*, ou spectacle particulier : à la nuit close, O-too nous fit donner un *heïva-raa*, ou spectacle public. Ses trois sœurs y jouèrent les principaux rôles.

Le 7 septembre au soir, nous tirâmes des feux d'artifice devant une multitude d'insulaires. Ce spectacle causa un plaisir bien vif à plusieurs d'entre eux, mais il effraya la plupart des autres ; nous eûmes toutes les peines du monde à les retenir jusqu'à la fin. Lorsque le *bouquet* partit, l'assemblée se dispersa; les hommes les plus courageux s'enfuirent à la hâte.

J'allai, le 10, à O-parée, pour examiner un corps embaumé, que quelques-uns de nos messieurs avoient rencontré par hasard. J'appris que c'étoit celui de Tée, chef que j'avois bien connu autrefois. Je le vis dans un toopapaoo mieux cons-

truit que les autres, et pareil à celui de Waheiadooa. Le cadavre
étoit couvert de pièces d'étoffes;
mais, à ma prière, l'Indien, qui le
gardoit, le tira du toopapapoo, le
plaça sur une espèce de bierre, et
on nous le laissa examiner à loisir.
Le corps étoit entier dans toutes ses
parties; la putréfaction paroissoit
à peine commencée, car il n'exha-
loit aucune odeur désagréable,
quoique le climat soit très-chaud,
et que Tée fût mort depuis plus
de quatre mois. On n'y voyoit pas
d'autre altération qu'une contraction des muscles. Les diverses articulations présentoient cette sou-
plesse, ou plutôt ce relâchement
qui arrive aux personnes évanouies.
M. Anderson fit des recherches sur

les moyens qu'emploient les naturels pour conserver les corps. On
lui dit qu'immédiatement après la
mort, on tire par l'*anus* les intes-
tins et les autres viscères, que l'on
remplit le ventre et l'estomac avec
des étoffes, et que l'on frotte tout
le corps avec quantité d'huile de
cocos aromatique.

O-maï ajouta que l'on conserve
ainsi les restes de tous les grands
personnages, dont la fin est natu-
relle; qu'on les laisse exposés long-
temps aux regards publics; qu'on
les expose d'abord à l'une des en-
trées du toopapaoo les jours où il
ne pleut pas, que l'on répète ensuite moins fréquemment les ex-
positions, et qu'enfin on ne les fait
plus du tout. (*Voyez la pl.* 5.)

Le 12, on m'avertit qu'O-too s'é-
toit rendu à Attahooroo, pour cé-
lébrer un autre sacrifice humain,
que les chefs de Tiarraboo avoient
ordonné. J'aurois assisté à ce second sacrifice, si j'en avois été plus
tôt instruit, mais il n'étoit plus
temps. Je manquai, par la même
raison, une grande solemnité qui
avoit eu lieu la veille à O-parée.
O-too y rendit aux amis et aux sujets
du roi Totaéba les terres et les
biens qu'on leur avoit retirés, depuis la mort de leur chef.

Le 14, le capitaine Clarke et
moi, nous montâmes à cheval, en
présence d'O-too, et nous fîmes le
tour de la plaine de Matavaï. Une
foule nombreuse nous examinoit,
et ne pouvoit contenir sa surprise.

Les Otahitiens n'avoient point encore vu de pareil spectacle. Cette
nouveauté leur donna plus que
toutes les autres à la fois une idée
imposante des nations européennes.

Je donnai à O-too un bélier et
une brebis de race anglaise, et trois
brebis du cap. Nos trois vaches
ayant reçu le taureau, je crus que
je pourrois en conduire une ou deux
à Uliétéa. Je dis à Etary, le dieu
prétendu de Bolabola, que s'il con-
sentoit à céder son taureau espagnol à O-too, je lui donnerois le
mien, et une des vaches, et que je
les conduirois moi-même à Uliétéa. Le taureau espagnol étoit si
farouche, que je craignois quelque
accident pendant la traversée. Etary
se refusa d'abord à ma proposition ;

mais il y souscrivit ensuite, convaincu en partie par l'éloquence
d'O-maï. Mais, à l'instant où on alloit embarquer son taureau, un de
ses gens s'opposa formellement à la
consommation du marché. J'en
conclus qu'Etary n'avoit pas osé
refuser ouvertement; que, peut-être,
après mon départ, il reprendroit son
taureau, et qu'O-too en seroit privé.
Je crus plus raisonnable de céder :
je donnai en définitif à O-too mon
taureau et mes deux vaches. Je lui
recommandai de ne pas permettre
qu'on les écartât d'O-parée, d'y retenir de plus le taureau espagnol
et tous les béliers, jusqu'à ce que les
vaches et les brebis eussent produit
des veaux et des agneaux, époque à
laquelle il pourroit offrir à ses amis

des individus de l'une et l'autre race.

J'assistai, le 21, aux évolutions de l'escadre de Matavaï. A ma prière, le roi ordonna à deux pirogues d'exécuter un combat simulé. Nous montâmes sur un de ces bâtimens, O-too, M. King et moi ; O-maï se rendit sur le second. Les deux pirogues exécutèrent diverses manœuvres, elles s'avançoient, elles reculoient avec toute la vîtesse que pouvoient leur communiquer les rameurs. Les guerriers, qui occupoient les plate-formes, brandissoient leurs armes, et faisoient toutes sortes de contorsions, comme pour se défier au combat. O-too se tenoit à côté de notre plate-forme, il donnoit le signal des manœuvres

avec une grande justesse de coup-
d'œil. Enfin les pirogues s'abordè-
rent de l'avant; il s'ensuivit un
combat de peu de durée, dans lequel les guerriers de notre plate-
forme feignirent de se laisser tuer
jusqu'au dernier. O-maï et ses compagnons s'emparèrent de notre bâtiment. En ce moment, O-too et
nos rameurs se jettèrent à la mer,
comme s'ils avoient été obligés de
se sauver à la nage.

Après cette petite guerre, O-maï
revêtit la cuirasse et l'armure che-
valeresque dont on lui avoit fait
présent en Angleterre. Il monta sur
la plate-forme de sa pirogue, et les
rameurs le conduisirent en triom-
phe le long de la baie : en sorte que
tous les insulaires purent le con-

templer à leur aise. Sa cotte de
maille n'attira pas autant l'attention
que je l'aurois cru. Quelques-uns,
il est vrai, la connoissoient déjà;
et d'autres étoient si piqués de la
conduite imprudente de mon ami,
que, leur eût-il montré les objets
les plus extraordinaires, il n'en eût
pas obtenu un coup-d'œil.

CHAPITRE X.

Paix entre les Otahitiens et ceux d'Eiméo. — Relâche à Huaheine. — Arrivée à Uliétéa. — Conspiration des habitans.

LE 22, de grand matin, O-too et son père vinrent à bord, pour savoir quel jour je comptois mettre à la voile. Je leur dis que je toucherois à Eiméo, en allant à Huaheine. Ils desiroient y venir avec moi, et mettre sous mon escorte l'escadre de renfort qu'ils vouloient conduire à Towha. Je convins, en conséquence, de partir le surlendemain 24, et de prendre sur mon bord

O-too, son père, sa mère, et toute sa famille.

Au moment d'entrer dans mon canot, on vint apprendre au roi que Towha avoit fait un traité avec Maheine, et qu'il ramenoit son escadre à Attahooroo. Un messager rapporta d'Eiméo les conditions de la paix, ou plutôt de la trève, car elle n'étoit faite que pour un temps limité. Les conditions en étoient désavantageuses pour Otahiti. On blâma généralement O-too, qui, par sa lenteur à envoyer des secours, avoit obligé Towha de se soumettre à un traité honteux. On disoit même en public que Towha, furieux, avoit juré de réunir ses forces à celles de Tiarrabou, et de détrôner O-too après mon départ. J'affirmai, quant à moi, que je soutiendrois les intérêts de mon ami, que je reviendrois dans l'île, et que je me vengerois, sans miséricorde, de ceux qui auroient pris part à un complot contre lui. Mes menaces eurent vraisemblablement l'effet que j'en attendois. Whappaï, père d'O-too, improuva le traité conclu par Towha. Ce vieillard sentoit bien que si j'accompagnois à Eiméo l'escadre des Otahitiens, je serois très-utile à leur cause, même en n'y prenant point une part directe.

Il se célébra, le lendemain, au grand Moraï, une fête en réjouissance de la paix. J'y envoyai M. King et O-maï, parce que je me sentois indisposé. Je retournai sur

la *Résolution*, suivi de la mère d'O-
too, de ses trois sœurs, et de huit
autres femmes. Je ne savois d'a-
bord ce que vouloient ces douze
femmes : elles dirent, qu'elles vouloient absolument passer la nuit à
bord, et me guérir du mal dont je
me plaignois. — C'étoit une goutte
sciatique, dont la douleur se faisoit
sentir depuis les reins jusqu'aux
pieds. J'acceptai leurs soins bien-
veillans, et je leur fis dresser des
lits sur le plancher de ma chambre.
Elles se mirent à me *macer*, c'est-
à-dire à me pétrir de la tête aux
pieds. Elles appuyoient jusqu'à me
faire craquer les os, et à me fati-
guer comme si l'on m'avoit roué
de coups. Au bout d'un quart-
d'heure, je m'affranchis avec joie

de cette espèce de discipline. J'en éprouvai cependant un soulagement considérable, et je me décidai à consentir qu'on renouvelât l'opération. Elle eut la seconde fois tant de succès, que je passai une excellente nuit. Mes douze femmes recommencèrent le lendemain matin : elles en firent autant le soir, et je me trouvai complètement guéri. Les Otahitiens donnent à cette opération le nom de *romée* ; elle est quelquefois exercée par des hommes, mais plus communément par des femmes.

D'après les détails que me rapporta M. King sur la fête de la paix, ce ne fut pas simplement une action de grace aux dieux, mais plutôt une confirmation du traité.

Je vais citer une supercherie assez adroite d'O-too ; je lui avois
fait présent d'une lunette qu'il garda
deux ou trois jours ; mais , l'habitude l'en ayant dégoûté , il en fit
cadeau au capitaine Clarke , et le
força , en quelque sorte, de la prendre. Quelques jours après , il amena
habilement la conversation sur la
lunette. Le capitaine Clarke n'en
avoit nullement besoin ; mais, voulant obliger ce prince, il offrit de
lui donner en retour quatre haches.
O-too s'écria sur-le-champ : « *Toote*
» (le capitaine Cook) m'en a offert
» cinq pour avoir sa lunette ». —
» En ce cas, reprit M. Clarke, je
» ne veux pas que votre amitié
» pour moi vous soit désavanta-
» geuse, et vous en aurez six ». Le

roi reçut en effet les six haches, et lui recommanda expressément de ne pas me parler de ce qui s'étoit passé entre eux.

O-maï prodigua follement dans ce pays toutes les choses utiles qu'il y avoit apportées : il fit cependant une acquisition très-avantageuse. Il se procura une superbe double pirogue à voiles, et complètement équipée. Il y arbora dix ou douze de nos vieux pavillons anglais, français, espagnols et hollandais ; et ce spectacle attira autant de monde qu'en peut attirer, dans un port européen, un vaisseau de guerre pavoisé. J'avois donné, en 1774, un pavillon de beaupré et une flamme à O-too, et une flamme à Towha. Ils les avoient conservés avec

avec un soin extrême, car je les retrouvai en bon état.

Le 28, O-too me pria d'accepter une pirogue, et de l'offrir, de sa part, à l'*earée-rahie no Pretane* (au roi de la Grande-Bretagne). Il avoit seul le mérite de cette galanterie; personne d'entre nous ne lui en avoit suggéré l'idée; mais l'embarras que nous eût causé cette embarcation me força de la refuser. Le 25, nous mîmes à la voile; tous nos amis nous quittèrent avec les marques des regrets les plus vifs. Nous avions, en un petit nombre d'années, abordé si souvent à Otahiti, que les insulaires ne doutoient pas que notre retour ne fût prochain. O-too me supplia instamment de prier, en son nom, l'*earée-rahie no Pretane,*

3e Voyage. T. II.   H

d'envoyer, par les premiers bâtimens, des plumes rouges et les oiseaux qui les portent, des haches, une demi-douzaine de fusils, du plomb, de la poudre, et sur-tout des chevaux.

J'ignore quelle intention amena à Otahiti une colonie espagnole de quatre personnes, et pourquoi deux prêtres s'y fixèrent. Il ne paroît pas que leur but ait été de convertir les insulaires, car ils n'ont pas cherché à faire un prosélyte ; ils n'ont jamais parlé de religion. Enfin il y avoit déjà dix mois qu'ils étoient à Otahiti, lorsque deux vaisseaux de leur nation arrivèrent à Oheitepeha, et cinq jours après ils s'embarquèrent. Je ne crois pas, au reste, que jamais les nations européennes songent sérieusement à établir une colonie à Otahiti. Cette île ne possède rien qui soit capable de flatter l'ambition des puissances, ou l'avidité des particuliers. J'oserois prédire qu'à défaut de ce puissant véhicule, on ne l'entreprendra jamais (1).

Le 30 septembre, nous mouillâmes dans la rade de *Taloo*, île d'Eiméo. Les vaisseaux furent inondés d'insulaires que la seule curiosité attiroit à bord, car ils n'apportoient rien qu'ils se proposassent d'échan-

(1) Des presbytériens anglais ont dernièrement tenté l'établissement d'une colonie à Otahiti. Ils y ont envoyé des *missionnaires* ; mais on n'a pas été longtemps à sentir l'inutilité d'une pareille entreprise : on y a renoncé.

(*Note du traducteur.*)

ger ; mais le lendemain il nous arriva des provisions en abondance. La *Résolution* se trouvant infestée de rats, je la fis conduire à une centaine de pas de la côte ; on attacha aux arbres des hansières, par lesquelles ces animaux pussent se sauver. On dit que cet expédient a quelquefois réussi ; mais je n'oserois affirmer qu'il nous eût délivrés d'un seul rat.

Nous reçûnies, le 2 octobre, une visite du chef Maheine ; il ne s'approcha de nous qu'avec défiance, parce qu'il nous regardoit comme les amis des Otahitiens. Ce chef, qui, à la tête d'un petit nombre de partisans, s'étoit rendu presque indépendant d'Otahiti, avoit trente à quarante ans : sa tête étoit chauve ;

il portoit une sorte de turban, et sembloit honteux de n'avoir pas de cheveux. J'ignore s'il rougissoit d'être chauve, ou s'il croyoit s'attirer par là notre mépris. Je pencherois pour cette dernière opinion, parce que les insulaires nous avoient vu raser les cheveux d'un de leurs compatriotes, que l'on avoit surpris commettant un vol. Ils en conclurent que, selon toute apparence, nous étions dans l'usage d'infliger ce châtiment aux voleurs. Un ou deux de nos messieurs, qui n'avoient presque point de cheveux, furent violemment suspectés d'être des filous.

J'avois fait apprendre l'équitation à O-maï; je fis avec lui une promenade à cheval. Notre cortège ne fut pas nombreux, parce qu'O-maï avoit défendu aux naturels de nous suivre.

C'est dans ce hâvre que Towha avoit amené sa flotte : quoique les hostilités eussent duré peu de jours, on voyoit par-tout des traces de ses ravages. Je voulois appareiller le lendemain, mais je fus retardé par un accident fâcheux, le vol de deux chèvres ; j'en recouvrai une assez promptement ; mais les habitans s'obstinèrent à conserver l'autre, qui étoit pleine. Je fus obligé de marcher à la tête d'une troupe de soldats armés : tous les habitans effrayés prirent d'abord la fuite ; ils se rassemblèrent en grand nombre pour nous attaquer. Je fus obligé de faire mettre le feu à six ou huit maisons, qui furent dévorées par les flammes, ainsi que deux ou trois pirogues de guerre, amarrées près de là. Enfin les naturels implorèrent la paix ; ils accoururent tenant à la main des branches de bananiers : je suspendis les hostilités ; mais je fis déclarer à Maheine que si l'on ne restituoit pas la chèvre, je ne laisserois pas une seule pirogue dans l'île. Cette menace, jointe au commencement d'exécution, effraya Maheine, et la chèvre fut rendue. L'empressement avec lequel les naturels renouèrent leur correspondance avec nous, me prouva qu'ils sentoient bien que s'ils avoient été maltraités, ils ne devoient s'en prendre qu'à eux. Les productions d'Eiméo et d'Otahiti me paroissent être les mêmes. On voit, au surplus, une grande différence entre les femmes de ces îles.

Nous mîmes à la voile le 11, et nous arrivâmes le 12 à Huaheine. (*Voyez la pl.* 8.) Les compatriotes d'O-maï s'attroupèrent pour le voir. Les passagers que nous avions pris à bord les avertirent de ce que nous avions fait à Eiméo. Ils exagérèrent le nombre des maisons et des pirogues que nous avions livrées aux flammes. Je n'en fus pas fâché, car je m'apperçus que cela produisoit d'excellens effets. J'avois appris, à Otahiti, que mon vieil ami O-réo n'étoit plus le chef suprême d'Huaheine, et qu'il s'étoit établi à Uliétéa. Il n'avoit été que régent de Tairee-tareea, l'*earée-rahie* actuel.

O-maï paroissoit vouloir se fixer

à Uliétéa : il espéroit rentrer de
force dans les biens dont les naturels
de Bolabola avoient dépouillé son
père. Mais il auroit fallu, pour que
j'obtinsse la restitution de ces biens,
qu'il se ménageât l'amitié des chefs
actuels d'Uliétéa; et il avoit, pour
cela, trop de fierté et de patriotisme.
Je crus donc que le séjour de Huaheine lui conviendroit beaucoup
mieux. J'en parlai aux chefs dès la
première entrevue que j'eus avec
eux. O-maï leur dit que nous l'a-
vions conduit en Angleterre, où il
avoit reçu l'accueil le plus obligeant
du roi et de ses *earées*; qu'on avoit
eu la bonté de le ramener dans les
îles de la Société; qu'il y revenoit
possesseur de trésors considérables;
qu'outre les deux chevaux qu'il de-

voit garder dans son habitation, nous avions laissé à Otahiti plusieurs animaux utiles, et d'une espèce inconnue dans le pays, qui se propageroient bientôt dans toutes les îles des environs. Il ajouta que, pour prix de mes services, je demandois avec instance qu'on lui accordât un terrain, qu'on lui permît d'y construire une maison, et d'y cultiver les productions nécessaires à sa subsistance et à celle de ses domestiques.

L'un des chefs me répondit aussitôt « que j'étois libre de disposer de » l'île de Huaheine toute entière, » et d'en donner à mon ami la por- » tion que je jugerois à propos ». Cette réponse fit un grand plaisir à O-maï; il s'attendoit à recevoir un

domaine d'une vaste étendue. Quant
à moi, je la trouvai un peu trop
vague, et j'exigeai, non seulement
qu'on désignât le local, mais la
quantité précise de terrain dont mon
ami devoit jouir. On souscrivit,
d'un accord unanime, à ma de-
mande; et l'on céda à O-maï un
terrain contigu à la salle où se trouvoit le conseil. Cet arrangement
satisfit toutes les parties : les char-
pentiers des deux vaisseaux se mirent à construire une maison pour
O-maï.

Cet insulaire commençoit à son-
ger sérieusement à ses intérêts. Il se
repentoit de ses prodigalités. Il
trouva, à Huaheine, un frère, une
sœur, et un beau-frère, qui ne le
pillèrent pas sans pudeur, comme

l'avoient fait ses autres parens. Je n'étois pas toutefois sans inquiétude sur le sort d'O-maï; je pensois que ses richesses ne manqueroient pas d'inspirer de la jalousie. Je lui conseillai de faire part aux chefs d'une partie de ses trésors, afin que la reconnoissance les engageât à le protéger. Il me promit de suivre mon conseil; et je reconnus, à ma grande satisfaction, qu'il le mettoit à exécution. Je ne laissois d'ailleurs échapper aucune occasion d'annoncer à ces insulaires que s'ils se permettoient la moindre atteinte contre la propriété ou la personne de mon ami, j'en tirerois une vengeance éclatante. Cette menace dut les intimider, parce qu'ils s'imaginent que nos vaisseaux doivent revenir à certaines

certaines époques; et, tant qu'ils
auront cette idée, O-maï peut espérer de jouir paisiblement de sa
petite fortune.

Rien ne troubla le commerce
d'échange et d'amitié que nous en-
tretenions avec les naturels, jusqu'au
22, que l'un des insulaires pénétra
dans l'observatoire de M. Bayly, et
y vola un sextant. On nous donnoit
alors un *heiva*; je fis cesser le spectacle. Les chefs effrayés se firent
mutuellement des questions sur le
voleur, qui étoit tranquillement
assis au milieu d'eux. Je le soupçon-
nai néanmoins, et le fis mettre en
prison. Sa détention excita une ru-
meur générale. Le prisonnier, in-
terrogé par O-maï, finit par déclarer
où il avoit caché l'instrument; mais

la nuit nous empêcha de le retrouver
avant le lendemain matin. Le voleur
me parut coutumier du fait; et, pour
lui infliger un châtiment plus rigoureux qu'aux autres voleurs, je lui
fis raser les cheveux et la barbe, et
couper les deux oreilles. Cette cor-
rection n'empêcha pas que, dans la
nuit du 24 au 25, ce même homme
essayât de voler une chèvre. On
s'apperçut qu'il avoit emporté ou
détruit les ceps de vigne et les
choux du jardin d'O-maï. Il disoit
hautement qu'il tueroit mon ami,
et qu'il brûleroit sa maison, dès que
nous aurions quitté l'île. Pour ôter
à ce scélérat les moyens de nuire,
je le retins en prison sur mon vaisseau, et résolus de le déporter dans
une île éloignée : tous les chefs me

remercièrent de les débarrasser d'un homme aussi peu traitable.

La maison d'O-maï fut à-peu-près achevée le 26, et nous y portâmes la plus grande partie de ses trésors. Parmi une foule de superfluités qu'il avoit reçues en Angleterre, je ne dois pas omettre une caisse de *joujoux*. Il eut soin d'en faire voir le contenu aux naturels, et ce spectacle excita beaucoup plus leur admiration, que ses marmites, ses chaudrons, ses plats, ses assiettes, ses bouteilles, ses verres, et tous ses autres meubles. O-maï lui-même sentit qu'un cochon cuit au four est plus succulent qu'un cochon bouilli, qu'une feuille de bananier est toute aussi bonne qu'un plat ou une assiette d'étain, et qu'une tasse de cocos peut tenir lieu d'un gobelet de cristal. Aussi eut-il le bon esprit de vendre aux équipages de nos vaisseaux tous les ustensiles de cuisine qu'ils voulurent acheter; il reçut en échange des haches, et d'autres outils de fer, qui ont plus de valeur intrinsèque dans cette partie du monde. Le 30, l'ennemi d'O-maï, qui étoit natif de Bolabola, s'évada de mon bord; j'appris qu'il s'étoit réfugié à Uliétéa, où j'espérois le rencontrer, et le reprendre de nouveau.

Je songeai à partir, dès qu'O-maï fut installé dans sa nouvelle habitation. Je lui laissai le cheval, la jument, une chèvre pleine, une truie et deux cochons de race anglaise. Le cheval couvrit la jument durant notre relâche à Otahiti ; et j'ose croire que désormais les navigateurs trouveront des chevaux dans ces îles.

O-maï avoit pris, à Otahiti, quatre ou cinq *towtows*; il gardoit de plus deux jeunes Zélandais ; son frère et quelques autres parens vinrent le rejoindre à Huaheine ; de sorte que sa famille se trouvoit déjà composée de huit ou dix personnes.

Nous employâmes, pour la construction de sa maison , les bois des pirogues que nous avions détruites à Eiméo : on y employa le moins de clous qu'il fut possible , de peur que l'appât du fer n'excitât les naturels à la dévaster. Je gravai, en dehors

de l'habitation, l'inscription suivante :

G E O R G I U S T E R T I U S, R E X,
2 novembris 1777.

Naves { *Résolution, Jac. Cook, pr.*
{ *Discovery, Car. Clarke, pr.*

O–maï étoit pauvre et délaissé
lorsque le capitaine Furneaux le
prit sur son bord, pour lui faire faire
le voyage d'Europe. Il paroît que
l'accueil qu'il avoit reçu en Angleterre lui avoit fait espérer qu'on le
rétabliroit de vive force dans les
biens de ses pères, ou peut-être se
persuadoit-il que son courage et la
supériorité des connoissances qu'il
avoit acquises suffiroient pour chas-
ser les conquérans d'Uliétéa. Du
moment où nous partîmes de Lon-

dres, il ne cessa de parler de ses projets contre les tyrans de Bola-bola. Il ne vouloit écouter aucune des représentations que nous lui faisions sur une résolution aussi folle. Il croyoit que les guerriers de Bolabola abandonneroient leur conquête sur la première nouvelle qu'ils recevroient de son arrivée à Otahiti.

Au reste, pendant notre navigation, ses illusions diminuèrent. Quand nous abordâmes aux îles des *Amis*, il avoit conçu tant d'inquiétudes sur les dispositions de ses compatriotes à son égard, qu'il songea à s'établir à Tongataboo, sous la protection de Feenou, comme je l'ai dit ailleurs. Il étoit doué d'une grande pénétration; mais il n'étoit pas observateur. Il vit, aux îles des

Amis, une multitude d'arts utiles, qu'il eût pu introduire dans sa patrie. Je ne me suis point apperçu qu'il fît le moindre effort pour s'en instruire ; mais cette indifférence est commune à tous ses compatriotes.

Le retour d'O-maï et les preuves séduisantes qu'il apportoit de la générosité anglaise déterminèrent un grand nombre d'insulaires à me demander la faveur de faire le voyage de *Pretane* (de la Grande-Bretagne (1)). Mais je déclarai formellement que je n'accueillerois aucune de ces demandes. O-maï lui-même

(1) Le mot *Pretane*, ainsi orthographié, doit se prononcer en anglais *Pritène* ; ce qui ne diffère pas beaucoup du mot *Britain*, qui est le véritable nom de la Grande-Bretagne.

mettoit un grand prix à être cité
comme le seul homme qui eût fait
un long voyage ; il me rappeloit
souvent la promesse que lui avoit
faite lord Sandwich, que désormais
aucun naturel des îles de la Société
ne viendroit en Angleterre. Si j'a-
vois pensé que l'on dût expédier
bientôt un vaisseau à la nouvelle
Zélande, je me serois chargé des
deux Zélandais emmenés par O-maï;
car ils desiroient beaucoup l'un et
l'autre ne pas nous quitter. Tiarooa,
le plus âgé des deux, annonçoit des
dispositions fort heureuses et un
discernement admirable. Il paroissoit sentir combien la nouvelle Zélande se trouvoit inférieure aux îles
de la Société. Charmé des plaisirs
et de l'abondance de toutes choses

qu'il pouvoit goûter à Huaheine, il
se soumit gaiement à sa destinée.
Son camarade nous étoit si fort
attaché, que nous fûmes obligés de
l'arracher de notre vaisseau, et de les
conduire de force à terre.

Le 4 novembre, je jetai l'ancre
dans le hâvre d'Ohamaneno, île
d'Uliétéa. Nous y fîmes des observations astronomiques, et il ne nous
arriva rien de remarquable jusque
dans la nuit du 12 au 13, que Jean
Harrison, l'un des soldats de ma-
rine, déserta. Je fis, à cet égard,
des réclamations qui d'abord furent
sans effet ; mais, dirigé par des renseignemens sûrs, je surpris, le 15
du même mois, notre déserteur entre deux femmes qui l'avoient sé-
duit. Cette séduction et quelques

utres circonstances atténuantes
rendoient le cas un peu gracia-
le ; aussi je ne lui infligeai pas une
punition bien sévère.

Je reçus, le 16 novembre, un
messager d'O-maï : il m'annonçoit
qu'il vivoit très-bien avec ses compatriotes. Je lui renvoyai ses messagers avec de nouveaux présens.
Le 24, un *midshipman* et un matelot de la Découverte désertèrent,
et nous causèrent de l'embarras. Ces
deux hommes n'étoient pas les seuls
de nos gens qui eussent envie de
se fixer sur ces îles fortunées. Tout
me faisoit un devoir d'user de
moyens répressifs. O-réo, notre an-
cien ami, chef de cette île, nous se-
conda dans nos recherches ; mais on
nous apprit que les déserteurs avoient

quitté l'île, et s'étoient retirés à Bolabola. Je ne voyois qu'un seul expédient pour recouvrer nos gens, c'étoit
de retenir en ôtages le fils, la fille, et
le gendre d'O-réo. M. Clarke les
emprisonna dans sa chambre.

O-réo commença à craindre pour
lui; je l'avertis qu'il étoit libre, et
qu'il ne tenoit qu'à lui de rendre la
liberté à ses amis, en nous facilitant
les moyens de retrouver nos déserteurs; mais je l'assurai que s'il n'y
parvenoit pas, je les emmenerois
avec moi, parce que j'étois instruit
que lui et plusieurs de ses sujets
avoient favorisé l'évasion de nos
gens.

Je fis entendre aux insulaires les
motifs qui m'avoient fait agir. Ils
se tranquillisèrent, sur leur propre
sûreté.

sûreté ; mais ils n'en conservèrent pas moins de vives inquiétudes relativement aux prisonniers. Une foule de pirogues vinrent se ranger sous l'arrière de la *Découverte :* on n'entendoit que des vociférations plaintives, et le cri de *Poëdooa*, nom de la fille du chef. Les femmes surtout lui montroient à qui mieux mieux l'attachement qui les animoit.

O-réo se mêla à ces lamentations inutiles ; mais il eut recours à des mesures plus efficaces : il envoya sur-le-champ un exprès à Opoony, souverain de Bolabola, qui étoit le père de son gendre.

Les insulaires s'intéressoient si fortement à la mise en liberté des détenus, qu'ils ne voulurent pas la faire dépendre du retour de nos gens; ils méditèrent un complot dont les suites auroient été plus funestes encore pour eux que pour nous, si nous n'étions venus à bout de le réprimer. Sur les cinq ou six heures du soir, j'étois à terre; je vis tout-à-coup les pirogues du havre et des environs s'enfuir, comme si une terreur panique agitoit les naturels. L'équipage de la *Découverte* m'avertit par des cris que l'on avoit arrêté M. Clarke et M. Gore, tandis qu'ils se promenoient à quelque distance des vaisseaux. Je fis aussitôt prendre les armes à un fort détachement, et en même temps j'envoyai M. Williamson poursuivre les pirogues à la tête de deux canots armés. On tira contre elles deux ou trois coups de fusil, qui ne blessèrent personne, et sauvèrent nos messieurs. Les insulaires ne les avoient point encore arrêtés. Le bruit des armes-à-feu, et d'un coup de pistolet que M. Clerke tira par hasard en se promenant, dans un moment où il ne se doutoit de rien, effraya les naturels, qui s'étoient mis en embuscade.

La conspiration avoit été découverte par une fille que l'un de mes officiers avoit amenée de Huaheine. Craignant qu'elle ne fût punie, pour nous avoir rendu service, je la retins à bord, et quelques jours après j'engageai plusieurs de ses amis à la mettre en lieu de sûreté, jusqu'à ce qu'il se présentât une occasion de la renvoyer à Huaheine.

Enfin , on nous rendit nos déser‑
teurs, qui de Bolabola s'étoient en‑
fuis à la petite île *Too-bae*; dès
qu'ils furent à bord , je relâchai nos
ôtages.

Les habitans d'Uliétéa sont géné‑
ralement plus petits, et d'un teint
plus noir que ceux des îles voisines :
l'administration publique n'y paroît
pas aussi régulière , sans doute parce
que c'est un pays conquis. On assure
qu'Uliétéa fut autrefois la plus puis‑
sante des îles de ce groupe : il pa‑
raît même qu'elle étoit le centre du
gouvernement, car les naturels pré‑
tendent que la famille royale d'Ota‑
hiti descend de celle qui régnoit à
Uliétéa , avant la dernière révolu‑
tion. Le roi Ooroo, que cette ré‑
volution précipita du trône, résidoit

encore à Huaheine, lors de notre relâche ; et, quoiqu'il eût perdu ses états, il portoit encore les marques distinctives de l'autorité suprême.

Uliétéa nous offrit une autre preuve de l'instabilité du pouvoir : j'y reçus la visite de mon vieil ami Orée, dernier chef de Huaheine, que l'on avoit destitué par force de la régence ; car le jeune roi, n'ayant pas plus de dix ans, étoit encore mineur. C'étoit encore un personnage important. Il avoit toujours une suite nombreuse, et nous apportoit des présens magnifiques. Sa santé nous paroissoit meilleure qu'en 1769 et en 1772. Pour expliquer comment sa santé se fortifioit en vieillissant, je pensai que pendant sa régence il avoit bu immodérément de l'ava, et que depuis qu'il étoit simple particulier il étoit devenu plus tempérant.

CHAPITRE XI.

Arrivée à Bolabola. — Entrevue avec le chef Opoony. — Départ des îles de la Société. — Découverte de l'île de Noël. — Deux matelots s'égarent. — Arrivée aux îles Sandwich.

Je fis voile pour Bolabola, afin d'acquérir l'ancre que M. Bougainville avoit perdue à Otahiti, et qu'Opoony avoit reçue en présent, après le départ des Français. Ce n'est pas que nous en eussions besoin pour le service des vaisseaux, mais comme matériaux propres à la confection des outils de fer qui commençoient à nous manquer. O-réo et six ou huit naturels d'Uliétéa nous suivirent. En général, la plupart des insulaires, le chef excepté, nous auroient volontiers accompagnés jusqu'en Angleterre.

Nous débarquâmes le 8, et je fus immédiatement présenté à Opoony : je n'avois pas de temps à perdre ; et, après les premières cérémonies d'usage, je lui demandai l'ancre, et lui offris en retour une robe de chambre de toile, une chemise, quelques fichus de gaze, un miroir, des grains de verre, d'autres bagatelles, et six haches. Cet échange fut accepté. La vue des haches sur-tout excita des acclamations universelles parmi les insulaires.

L'ancre me fut remise : elle n'é-toit pas en aussi bon état que je me l'étois imaginé. Je reconnus à la marque qu'elle avoit pesé sept quin-taux, au sortir de la forge ; mais plusieurs parties en avoient été arra-chées. Je n'en tins pas moins le marché, et aussitôt après je remis à la voile.

Nous avions assez bien employé les dix-sept mois qui s'étoient écou-lés depuis notre départ d'Angleterre: mais je sentois que notre voyage ne faisoit, pour ainsi dire, que com-mencer, eu égard au principal objet de mes instructions.

Durant mes relâches aux îles de la Société, je n'avois perdu aucune

occasion de demander aux naturels
[il y a des îles au nord ou au nord-
ouest de leur groupe. Il ne me paroît pas qu'ils en connussent une
seule. Nous ne découvrîmes en effet
aucun indice qui annonçât le voisinage d'une terre, jusqu'à ce que
nous eûmes atteint le 8e degré de
latitude sud, par 205 degrés de longitude orientale. C'est à-peu-près
dans ces parages que Mendana a découvert, en 1568, la terre qu'il
appelle *île de Jésus* : nous vîmes de
toutes parts un grand nombre d'oiseaux de mer.

Le 24 décembre, après avoir traversé l'équateur, nous reconnûmes
une île basse où l'on voyoit quelques
cocotiers, mais qui en général paroissoit stérile : je l'appelai l'île de

Noël. Elle étoit entourée d'autres petites îles ; sur l'une desquelles nous atterrîmes pour observer une éclipse de soleil.

Dans l'après-midi, tous mes gens revinrent à bord, à l'exception d'un matelot de la Découverte, qui s'étoit égaré depuis quarante-huit heures.

Deux matelots, marchant ensemble, s'étoient d'abord perdus ; mais ne s'accordant pas sur la route qu'il falloit suivre pour rejoindre le détachement, ils s'étoient séparés. Un d'eux seulement étoit revenu, après une absence de 24 heures. Sa détresse avoit été inexprimable : il n'avoit pu se procurer une goutte d'eau douce, parce qu'il n'y en a pas dans l'île. Il n'avoit pas trouvé dans ce canton une seule noix de cos. Pour étancher sa soif, il avoit imaginé de tuer des tortues, et d'en boire le sang.

Il n'est pas surprenant que ces matelots se soient ainsi égarés, car en n'égale la stupidité des marins qui se trouvent à terre.

Le capitaine Clarke envoya un détachement à la recherche du traî- eur : on le retrouva après beaucoup e démarches. Le pauvre diable avoit encore plus souffert que son camarade ; son absence avoit été plus longue, et il avoit été trop dé- licat pour boire du sang de tortue.

J'avois à bord des noix de cocos, et des ignames en pleine végétation : e les fis planter sur la petite île où nous avions observé l'éclipse. J'y plantai aussi des graines de melons.

J'y laissai une bouteille, avec un
inscription latine qui constatoit l
date de notre départ.

Nous n'apperçûmes pas sur l'îl
de Noël la plus légère trace du pas
sage d'un homme ; et si l'un des ha
bitans des contrées voisines venoit
y être jeté par un naufrage, il auroi
bien de la peine à y vivre.

Nous appareillâmes le 2 janvier
et reprîmes la route du nord : le 19
nous apperçûmes d'autres îles. Quel
ques pirogues se détachèrent du ri
vage de l'une d'elles, pour venir au
vaisseaux : nous fûmes bien agréable
ment surpris d'entendre les insulaire
parler l'idiome d'Otahiti : mais no
invitations et nos caresses ne purent
les décider à venir à bord. J'atta
chai à une corde des médailles de
cuivre

cuivre que je jetai dans une des pirogues : ils acceptèrent mes dons, et
attachèrent à la même corde des ma-
quereaux qu'ils me prièrent de recevoir en retour. Je n'avois jamais vu,
dans tout le cours de mes voyages,
d'hommes plus étonnés que ceux-ci
à l'aspect d'un vaisseau. Tous les
mouvemens de leur physionomie
et tous leurs gestes peignoient l'admiration la plus vive. Tout ce
qui frappoit leurs regards paroissoit
nouveau pour eux ; nous jugeâmes
que jusqu'alors ils n'avoient reçu la
visite d'aucun bâtiment européen, et
qu'excepté le fer, ils ne connoissoient
aucune de nos marchandises. Il étoit
toutefois évident qu'ils n'avoient fait
qu'en entendre parler , ou que très-
anciennement on leur en avoit ap-

porté en petite quantité. Ils en demandoient sous le nom de *hamaïte* ou de *toe*, noms qu'ils donnent à des instrumens tranchans, ou à des espèces de haches.

Quand nous leur présentâmes des grains de verre, ils nous demandèrent ce que c'étoit, et si c'étoit bon à manger. Nous leur dîmes que c'étoit pour suspendre à leurs oreilles ; et ils nous les rendirent comme une chose inutile. Ils ne firent pas plus de cas d'un miroir que nous leur offrîmes. Les assiettes de fayence, les tasses de porcelaine, et les autres objets de cette espèce, étoient si nouveaux pour eux, qu'ils nous demandèrent si on les faisoit avec du bois.

Ils avoient d'ailleurs une politesse charmante : ils craignoient extrêmement de nous offenser. Ceux qui se décidèrent enfin à monter à bord demandèrent s'ils pouvoient s'asseoir, s'il leur étoit permis de cracher sur le pont.

Cependant ils s'efforcèrent de voler tout ce qui se trouva à leur portée, ou plutôt ils le prenoient sans se cacher, comme s'ils avoient été sûrs de ne pas nous fâcher, ou de n'être pas punis. Quand nous les eûmes détrompés à cet égard, ils surent mettre des bornes à leurs desirs.

Le 21, je descendis à terre avec un détachement, afin de faire de l'eau. Nous exécutâmes nos opérations sans aucun obstacle. Les gens du pays nous aidèrent à rouler les futailles, et se prêtèrent à tous nos desirs.

Les insulaires que nous rencontrions sur notre passage se prosternoient le visage contre terre, cérémonial dont ils n'usent qu'envers leurs grands chefs. J'avois vu de nos vaisseaux des espèces de pyramides dans chaque village : curieux de les examiner de plus près, je fis une promenade du côté de ces obélisques. Je trouvai que c'étoit au milieu d'un moraï ou cimetière, semblable, sous bien des rapports, aux moraïs d'Otahiti. Les diverses parties qui les composoient portoient le même nom. La pyramide avoit environ quatre pieds de diamètre à sa base, et une vingtaine d'élévation. Les quatre côtés étoient formés d'une sorte de treillage de baguettes et de branches entrelacées. La construc-

tion tomboit de vétusté; mais il étoit
facile de voir qu'autrefois cette charpente avoit été couverte d'une étoffe
mince, légère, et grise. Il y avoit à
côté une espèce d'autel que les gens
du pays nomment *Heraïremy*, et
qui correspondoit aux *whatta* des
Otahitiens. C'est là qu'on expose les
offrandes destinées à Tongaroa,
Dieu de l'île. (*Voyez la pl.* 9.)

Du côté le plus éloigné de la cour
du moraï étoit une maison ou hangar, où je remarquai des figures de
bois sculptées d'un seul morceau, et
d'un dessein assez pur. Les naturels
les appeloient *Eatooa no vehenia*
(figures de déesses). L'une de ces
images avoit sur sa tête un casque
sculpté, assez semblable au casque
antique, et l'autre un bonnet cylin-

drique. Des pièces d'étoffes les enveloppoient depuis les reins jusqu'en bas. (*Voyez la planche* 10 *du* 3e *atlas.*)

Parmi les objets que les insulaires apportèrent au marché, je dois citer une espèce particulière de manteaux et de bonnets, qui pourroient passer pour élégans dans les pays même où l'on s'occupe le plus de la parure. Les premiers avoient la forme des manteaux courts à l'espagnole, que portoient à cette époque les femmes en Angleterre. Le fond est un réseau sur lequel on dispose de superbes plumes rouges et jaunes, si près les unes des autres, que la surface ressemble au velours le plus solide, et en même temps le plus moëlleux. Les desseins en sont très-différens.

Les naturels y attachent un grand prix : nous ne pûmes nous en procurer que quatre ou cinq , que l'on nous fit payer très-cher.

Le bonnet a à-peu-près la forme d'un casque. Le milieu est orné d'une crête, de la largeur de la main : il enveloppe la tête de très-près ; il y a des trous pour laisser passer les oreilles.

C'est également un réseau monté sur un chassis de baguettes d'osier , couvert d'un tissu de plumes, plus serré que celui des manteaux , et dont les couleurs sont moins variées. Ils sont rouges pour la plupart : ils offrent sur les côtés des raies noires, jaunes ou vertes.

Les insulaires tirent ces plumes de superbes petits oiseaux rouges qui

fourmillent dans leur île. Ils les apportoient au marché par paquets
d'une vingtaine, enfilés par les na-
rines avec une brochette de bois.
Les pieds en étoient coupés. Et ce
fait nous expliqua sur-le-champ la
fable qu'on avoit adoptée sur les *oiseaux de paradis* des Moluques,
qui, disoit-on, étoient dépornvus de
jambes, et ne se reposoient jamais à
terre.

M. Anderson vérifia que l'oiseau
rouge d'Atooï est de l'espèce des
promérops : il est à-peu-près de la
grosseur d'un moineau, et d'un beau
rouge écarlate.

Le 22, un des insulaires, nous
ayant vendu un hameçon, eut soin
de mettre à part un paquet qui se
trouvoit au bout. Nous lui deman-

dâmes ce que c'étoit : il montra son
ventre, parla en même temps de
mort, et dit que cela étoit mauvais.
Il ne se décida qu'avec répugnance
à ouvrir son paquet. Nous vîmes
que c'étoit une tranche de chair de
deux pouces de longueur, qui sem—
bloit avoir été séchée. Nous jugeâmes que c'étoit de la chair humaine :
l'Indien ne le dissimula pas lui-
même ; et nous en fûmes convain-
cus en voyant à ces insulaires un
petit instrument en bois garni de
dents de goulu, et semblable à la
scie dont se servent les Zélandais
pour disséquer leurs ennemis. Un
de ceux à qui nous adressâmes des
questions à ce sujet, nous dit que
cela servoit à découper le ventre
d'un homme ou d'une femme qu'on

avoit tué. Je demandai à un vieillard s'ils mangeoient de la chair
humaine : il répondit qu'oui, et
se mit à rire, comme s'il se fût mo-
qué de la simplicité de ma question.

Le 25, au matin, je quittai Atooï,
pour me rendre à l'île voisine de
Tahoora. Les insulaires de cette
dernière île ressembloient en tout à
ceux de l'autre : ils demandoient avec
empressement du fer, qu'ils nom-
moient également *hamaïte* et *toe*.
Ils nous amenèrent des femmes qui
restèrent dans leur pirogue, et firent
des danses on ne peut plus immo-
destes. Les hommes qui montèrent
sur notre bord n'y restèrent pas long-
temps. Avant de partir, quelques-
uns d'entre eux nous prièrent de s

leur permettre de nous laisser quelques touffes de leurs cheveux.

Un des insulaires, n'ayant pu obtenir la faveur d'entrer par le sabord de la *Sainte-Barbe*, demanda si nous le tuerions, et si nous le mangerions dans le cas où il y entreroit malgré nous. A notre tour, nous lui demandâmes si ses compatriotes étoient dans l'usage de manger des hommes. Un autre insulaire, qui nous observoit attentivement, répondit aussitôt, que si nous venions à être tués sur la côte, on ne balanceroit pas à nous manger. On nous dit que cette île n'a point de chef particulier, mais qu'elle est soumise à Teneooneo, chef d'Atooï.

Je traversai, en me promenant, un district, dont le sol paroissoit très-

pauvre , mais couvert cependant
d'arbres et d'arbrisseaux qui embau-
moient l'air. Les naturels étoient
dispersés de tous côtés. M. Gore a
supposé que l'île entière ne contenoit pas plus de cinq cents habitans.
Il eut l'occasion d'examiner l'intérieur de leurs ménages, mais il ne
vit pas une seule fois les hommes
et les femmes prendre leurs repas
ensemble: les femmes mangeoient à
part. A l'instar des Otahitiens, ils
se servent, pour s'éclairer la nuit,
de la noix huileuse du *dooe-dooe.*
Le *taboo,* ou interdiction des mains,
est en usage parmi eux.

Les insulaires semblent avoir une
grande prédilection pour les chouet-
tes qui sont apprivoisées : M. Gore
jugea qu'ils avoient l'habitude, en

certaines

certaines occasions, de s'arracher une dent (1). Il en demanda la raison ; on lui répondit que cela étoit *teeha*. On ne lui donna pas d'éclaircissemens plus satisfaisans sur une autre mode, qui consiste à donner un faisceau de cheveux en signe d'amitié.

Nous n'avons reconnu la position que de cinq des îles de ce groupe, savoir :

Woahoo, la plus orientale, qui est aussi habitée.

Oneeheow, qui n'a pas plus de quinze lieues de circonférence, qui produit en abondance des ignames, et où les habitans recueillent beau-

(1) Le même usage a lieu sur la côte occidentale de la nouvelle Hollande qui en est éloignée de plus de deux mille lieues.

coup de sel. Nous en pûmes juger par la quantité de poisson et de porc salé, qu'ils nous vendirent.

Oreehoua, sur laquelle nous n'avons appris d'autres détails , sinon qu'elle est petite, et peu élevée.

Atooï, la plus étendue de toutes. Elle a au moins dix lieues de longueur de l'est à l'ouest : elle produit un grand nombre de végétaux et les oiseaux rouges dont j'ai parlé : jamais nous n'avons pu parvenir à en voir de vivans. Les cochons, les chiens, et les volailles, y sont de la même espèce que dans les autres îles de la mer du sud. La taille des naturels du pays est moyenne , mais ils sont robustes. Leurs traits annoncent de la candeur et de la bonté plutôt que de la vivacité et de l'in telligence. Ils excellent dans l'art de nager. Nous vîmes des femmes, ayant des enfans à la mamelle, se jeter à la mer, et traverser une étendue effrayante, sans incommoder leurs nourrissons. La population doit en être considérable. Y compris les cabanes isolées, il peut y avoir dans cette île une soixantaine de villages, de cinq cents habitans chacun. J'ai donné à ce groupe le nom d'iles SANDWICH, en l'honneur du premier lord de l'amirauté.

Je dois observer que les habitans des îles Sandwich n'ont pas les oreilles percées, et que, contre l'usage généralement répandu dans toutes les îles du même océan, ils n'y mettent aucun ornement. Les deux sexes ont des colliers de petites cordes noires, pareilles à nos ganses de chapeaux, ou bien des rangées de petits coquillages, et des guirlandes de fleurs sèches qui servent au même usage. Les femmes ont des bracelets d'écaille et de morceaux de bois noirs, incrustés d'ivoire et de dents de cochons.

Les hommes sont ordinairement *tatoués* sur les mains, les bras et près des aînes : il en est qui ont le corps tout couvert de lignes et de figures. Ils ne fendent ni ne coupent aucune partie de leur prépuce, mais ils le retirent sur le gland, et l'attachent avec une petite corde, comme le font quelques habitans de la nouvelle Zélande.

La grandeur de leurs cabanes n'est pas uniforme ; leur forme approche de celle d'une meule de blé ou de foin : le jour n'y pénètre que par une ouverture ; le plancher est garni d'une herbe sèche, sur laquelle les naturels étendent des nattes pour leur tenir lieu de sièges et de lits. Il paroît que les patates douces, une espèce de riz nommé *taro*, et les bananes, composent la majeure partie de leur nourriture végétale, et que le fruit-à-pain , ainsi que les ignames , sont pour eux des frian— dises.

L'habitude qu'ils ont de saler leur poisson , sembleroit prouver que la pêche ne leur est pas favorable en tout temps ; mais ils salent aussi le porc. Leur sel est rouge , et n'est pas trop grossier : sa couleur vient sans doute de la vase sur laquelle il se dépose.

Les amusemens de ces peuples paroissent assez variés; mais nous ne leur vîmes d'autres instrumens de musique, que deux instrumens fort grossiers. Ils tirent de l'un des sons aussi peu harmonieux que ceux du grelot d'un enfant : c'est une es-pèce de cône renversé, orné de plumes rouges, que l'on tient par le bout, et dans lequel on agite quelque chose qui fait du bruit. L'autre est un vase de bois, sur-lequel on frappe avec deux bâtons ; les sons qui en sortent ne sont pas sans agrément. Ils ont des jeux de boule et de palets.

Tous leurs ouvrages manufactu-rés annoncent une adresse infinie : ils déploient sur-tout beaucoup d'industrie dans la fabrication des étoffes qu'ils font avec l'écorce du mûrier à papier ; ils façonnent des nattes blanches, qui, probablement, leur servent quelquefois d'habits. Ils peignent en noir l'écorce de leurs citrouilles, et savent même y mettre une espèce de vernis. Nous trouvâmes, dans une de ces îles, un cerceau de fer d'environ deux pouces de longueur, dont M. King a fait l'acquisition, et un autre outil tranchant, qui nous parut avoir formé la pointe d'un sabre. Ils peuvent s'être procuré ces objets, sans avoir de communication immédiate avec les Européens. Avant l'expédition de Magellan, le fer étoit absolument inconnu dans toutes les îles de la mer du sud ; mais depuis, Mendana, Lemaire, Schouten,

Tasman, Bougainville, et plusieurs autres, ont laissé du fer dans toutes les îles où ils ont passé. Ce métal a pu se répandre de là dans des lieux que n'avoit encore visités aucun navigateur européen. Les insulaires d'Atooï et d'Oneéheow ont donc pu connoître le fer dans leurs relations avec ceux des îles des Larrons, que les Espagnols ont fréquentées depuis le voyage de Magellan : d'ailleurs il a pu y venir des débris de naufrages.

Il paroît que les guerres ne sont pas moins fréquentes à Atooï qu'aux îles de la Société et à celles des Amis : nous avons pu en juger à la multitude des armes. Il paroît que leurs ennemis les plus ordinaires sont leurs voisins d'Onechow et d'Orcehoua, et qu'il éclate quelquefois des dissentions entre les divers cantons de l'île; divisions funestes qui retardent les progrès de la population.

Si les Espagnols avoient découvert, dans le dernier siècle, les îles Sandwich, ils n'auroient pas manqué de profiter de leur position, et de faire d'Atooï un lieu de relâche et de rafraîchissement pour les vaisseaux qui vont, chaque année, d'*Acapulco* à *Manille*. Enfin combien lord Anson ne se fût-il pas estimé heureux, combien de fatigues ne se fut-il pas égargnées, s'il eût soupçonné qu'il y avoit, à moitié chemin, entre l'Amérique et Tinian, un groupe d'îles en état de fournir à tous ses besoins!

~~~~~~~~~~~~~~~~~~~~~~~~~~~~~~~~~~

CHAPITRE XII.

Arrivée sur la côte occidentale d'Amérique. — Ralations commerciales avec les habitans de l'entrée de Nootka.

JE remis à la voile le 7 février 1778. Le 6 mars, à midi, par 44 degrés de latitude boréale, je découvris enfin la *nouvelle Albion*, côte de l'Amérique septentrionale, ainsi nommée par sir Francis Drake. La terre formoit une pointe, que je nommai *Foul-weather*, à cause du gros temps qui nous tourmentoit. A cette époque de l'année, la vue de la côte occidentale de l'Améri-
~~~~~~~~~~~~~~~~~~~~~~~~~~~~~~~~~~

que n'offre pas une perspective fort agréable : les rochers sont couverts de neige. Je reconnus successivement le cap *Perpétue*, le cap *Grégoire*, le cap *Blanc*, qui a été vu ou découvert par Martin d'Aquila, le 19 janvier 1683; la pointe des *Brisans*, la pointe *Woody* (pointe boisée), et une large baie, que je nommai baie de Bonne-Espérance, parce que je comptois y trouver un excellent hâvre, et je ne me trompai point. Nous eûmes bientôt lieu de reconnoître que la côte étoit habitée; trois canots s'avancèrent vers la *Résolution*. Un des sauvages se leva, prononça un long discours, et fit des gestes, que nous regardâmes comme une invitation de descendre à terre; en même temps il nous jeta des plumes : ses compagnons nous jettèrent des poignées de poussière ou de poudre rouge. L'orateur étoit vêtu d'une peau ; il tenoit, dans chaque main, quelque chose qu'il secouoit, et dont il tiroit un son pareil à celui des grelots. Lorsqu'il fut las de parler, il se reposa ; mais il fut remplacé par deux autres, qui nous haranguèrent chacun à leur tour. Bientôt un d'eux nous chanta un air fort agréable, où nous remarquâmes plus de douceur et de mélodie que nous ne nous y serions attendus : le mot *heela* sembloit être le refrain de sa chanson. Plusieurs autres pirogues s'approchèrent; ceux qui les montoient firent des gestes et des harangues comme les premiers.

Su

Sur une des embarcations étoit peinte une tête avec un œil et un bec d'oiseau d'une grosseur énorme; il s'y trouvoit un homme qui paroissoit être un chef, et qui n'étoit pas moins remarquable par son accoutrement bizarre ; ses cheveux étoient garnis de petites plumes blanches ; son visage étoit peint d'une façon singulière. Il tenoit à la main un morceau de bois où étoit sculpté un oiseau de la grosseur d'un pigeon ; il l'agitoit, et en tiroit un son semblable à celui d'un grelot.

Les sauvages ne montrèrent aucune intention hostile ; mais nous ne pûmes en engager un seul à venir à bord. Au reste, ils nous cédèrent de bon cœur tout ce qu'ils avoient ; ils se contentèrent de ce que nous leur donnions en échange. L'usage du métal ne leur paroissoit pas inconnu.

Le 3o, une multitude de pirogues entourèrent les bâtimens. On nous vendit des peaux de divers quadrupèdes, tels que d'ours, de loups, de renards, de daims, de lapins des Indes, de putois, de martres, et de loutres de mer. Ils avoient des grains de verre, et plusieurs colifichets en cuivre et en fer, qui ont la forme d'un fer à cheval, et qu'ils se suspendent au nez ; ils avoient de plus des ciseaux ou des outils de fer, montés sur des manches. Nous en conjecturâmes qu'ils avoient été visités par des navigateurs européens, ou qu'ils avoient eu des relations avec les tribus indiennes de

l'intérieur du continent. Mais, parmi les objets qu'ils nous offrirent,
ce qui nous frappa le plus, ce furent des crânes et des mains d'hommes, qui n'étoient pas encore dé-
pouillés de leur chair. Ils nous firent clairement comprendre qu'ils
avoient mangé le reste des cadavres,
et que ces crânes et ces mains avoient
été sur le feu.

Si nous inspirâmes à ces Indiens
de la crainte ou de la défiance, ces
sentimens s'évanouirent bientôt ; ils
montèrent sur le pont, et se mêlè-
rent avec nos matelots de la manière
la plus franche et la plus cordiale ;
mais nous ne tardâmes pas à éprou-
ver leur adresse à commettre des
vols. Si nous cessions un instant de
les surveiller, ils coupoient des cor-

dages avec leurs instrumens de fer, et enlevoient des poulies. Ils prirent dans nos canots tous les morceaux de fer qui valoient la peine d'être emportés. L'un deux amusoit la sentinelle à une extrémité de la chaloupe, tandis qu'un autre arrachoit le fer à l'autre bout. Au surplus, il ne nous étoit pas difficile de découvrir les voleurs, car ils s'accusoient sans scrupule les uns les autres.

Tous les jours nous appercevions de nouvelles figures parmi les Indiens qui venoient nous visiter ; ils commençoient toujours leur entrevue par une harangue. L'orateur avoit quelquefois le visage couvert d'un masque, lequel présentoit une figure d'homme ou d'animal.

Le 4 avril, au matin, nous eû-

mes une alarme sérieuse. Un détachement, qui coupoit du bois et rem-
plissoit des futailles, s'apperçut que
tous les naturels des environs s'ar-
moient avec précipitation ; que ceux
qui n'avoient pas d'armes guerrières
préparoient des bâtons , et rassem-
bloient des cailloux : mais nos crain-
tes n'étoient pas fondées ; ce n'étoit
pas contre nous qu'étoient dirigés
ces préparatifs hostiles , mais contre
une tribu de leurs compatriotes qui
venoit les attaquer. En appercevant
notre inquiétude , ils mirent tout
en usage pour nous convaincre de
leurs véritables projets. Ils avoient
des sentinelles sur tous les points de
l'anse ; des pirogues alloient souvent
porter des avis et des ordres au corps
d'armée posté près des vaisseaux.

Enfin l'ennemi, dispersé sur environ douze pirogues, se montra en travers de la pointe méridionale de l'anse ; il s'y arrêta, et demeura rangé en bataille, parce que l'on avoit entamé des négociations. Enfin la querelle, quel qu'en fût l'objet, parut s'arranger ; mais on ne permit aux étrangers ni de s'approcher des vaisseaux, ni de communiquer avec nous. Tout porte à croire que nous étions l'objet de la dispute. Les habitans de l'*Entrée* où les vaisseaux étoient à l'ancre, ne voulurent pas souffrir que d'autres tribus profitassent de l'avantage de commercer avec nous.

Nous reconnûmes que la plupart des Indiens de distinction qui trafiquoient avec nous, alloient revendre aux tribus éloignées les objets qu'ils avoient reçus des vaisseaux.

Le 20, j'allai visiter une bourgade, dont les habitans étoient fort nombreux. Plusieurs familles demeuroient sous le même toit. On m'invitoit par-tout à entrer : j'acceptai quelques-unes de ces sollicitations. On étendoit par terre une natte, et l'on me prioit de m'y asseoir. Il y avoit, dans la plupart des maisons, des femmes qui fabriquoient des étoffes, en suivant la méthode de la nouvelle Zélande. (*Voyez la pl.* II.)

D'autres s'occupoient à saler des sardines; elles les fumoient en les suspendant à de petites baguettes, d'abord à un pied du feu, ensuite plus loin, et plus loin encore. Elles les remplacent successivement par d'autres, jusqu'à ce que les dernières baguettes atteignent le faîte de la cabane. (*Voyez la pl.* 12 *du troisième atlas.*) Quand les sardines sont bien desséchées, ils les détachent, en font des ballots, et les recouvrent de nattes : ils conservent de la même manière la morue et d'autres gros poissons.

Pendant mon absence, il étoit venu aux vaisseaux des embarcations, qui, entre autres articles, nous vendirent deux cuillers d'argent, que nous jugeâmes de fabrique espagnole : un d'eux les portoit à son cou comme ornement. Les pirogues venoient du sud-est, de l'autre côté de la baie; les Indiens, qui les montoient, paroissoient posséder plus de fer que ceux de l'*Entrée.*

Le 22, douze ou quatorze pirogues, venant du sud, nous rendirent visite. Les Indiens exécutoient des chànts variés, qu'ils accompagnoient de gestes expressifs.

Dé toutes les nations ou tribus peu civilisées que j'ai fréquentées dans le cours de mes voyages, les habitans de l'*Entrée* sont ceux qui m'ont paru avoir les notions les plus exactes sur le droit de propriété. Ils voulurent d'abord que mes gens payassent l'eau et le bois qu'ils embarquoient; et si je m'étois trouvé là, je n'aurois fait aucune difficulté de satisfaire à leurs réclamations; mais nos travailleurs ne pensèrent pas ainsi : ils ne tinrent aucun compte des plaintes des naturels ; et ceux-ci finirent par les laisser tranquilles. Mais ils se firent un mérite de leur condescendance, et nous rappellèrent souvent ensuite que, par amitié, ils nous avoient laissé prendre de l'eau et du bois.

Nous partîmes le 26, et les naturels nous suivirent au dehors de l'*Entrée*. Un d'eux avoit conçu une grande affection pour moi, et fut des derniers à nous quitter. Je lui fis un petit présent, et il me donna en retour une peau de castor d'une valeur bien plus grande. Pour ne pas être surpassé en générosité, j'ajoutai, à ce qu'il avoit déjà reçu, des choses qui lui firent un grand plaisir. Il me força d'accepter le manteau de castor qu'il portoit, et pour lequel je savois qu'il avoit beaucoup de goût. Ne voulant pas rester en arrière, je lui offris un grand sabre à poignée de cuivre ; et ce présent le rendit complètement heureux.

En abordant à cette entrée, je lui donnai le nom d'*Entrée du roi George*; mais je sus par la suite que les naturels l'appeloient *Nootka*. Le climat, autant que nous avons été à portée d'en juger, est infiniment plus doux que celui de la côte nord - est d'Amérique, sous les mêmes latitudes. On trouve dans les bois le pin du Canada et le cyprès blanc (*cypressus thyroïdes*), qui, à eux seuls, forment presque le tiers des arbres. Il règne d'ailleurs peu de

variété dans les productions végétales de ce pays. Les peaux qui
nous ont été vendues attestent
quelles sortes d'animaux on y rencontre. Les hermines y sont rares
et petites ; la blancheur de leur
robe est parfaite, si l'on en excepte
un ou deux pouces de l'extrémité
de la queue. La race des cochons,
des chiens, et des chèvres, ne s'est
pas encore étendue sur cette contrée
de l'Amérique.

Les baleines, les marsouins, les
veaux-marins, et les loutres de mer,
sont les animaux marins que nous
apperçûmes en travers de la côte.

Les oiseaux sont rares, non seulement quant à la variété des espèces, mais encore relativement au
nombre des individus : ceux qu'on

y

y voit sont si farouches, que probablement les naturels leur font une guerre
à outrance. J'ai observé, parmi les
espèces qui fréquentent les bois, des
corneilles et des corbeaux, en tout
semblables à ceux d'Europe, un
geai bleu, des roitelets ordinaires,
des grives du Canada, et quantité
d'aigles bruns. Les gens du pays
nous montrèrent des peaux de fau-
cons, de hérons, et de martins-pêcheurs d'Amérique, à large crête.
Je remarquai de plus des pics, des
pinsons, une variété du colibri, et
des oiseaux de mer, tels que des
albatrosses, des goîlands, des nigauds, et des plongeurs.

Les poissons y sont plus abon-
dans que les oiseaux, mais les espèces n'en sont pas variées. Je citerai

le hareng ordinaire , une espèce
plus petite , une brême argentée ,
une autre d'un brun doré , et des
sardines.

Quoique nous ayions trouvé du
fer et du cuivre, il n'est guère pro-
blable que ces deux métaux pro-
viennent des mines du pays. Le
seul minéral que nous y vîmes. fut
une poudre rouge , qui est de la nature de l'*ocre* , substance qui con-
tient du fer.

La taille des Indiens est au-dessous des proportions ordinaires ;
mais ils ont le corps gros et arrondi,
sans être musculeux. Ils man-
quoient, pour la plupart, de barbe :
cela ne tient pas à une défectuosité
uaturelle , mais au soin qu'ils ont
d'arracher les poils. En effet, quel-

ques-uns d'entre eux , et sur-tout les vieillards , avoient une barbe épaisse sur le menton , et même des moustaches. Nous n'avons pu vérifier la couleur de leur teint , parce que leur corps est tout couvert de peintures et d'ordures ; mais ceux que nous engageâmes à se nettoyer offroient presque la blancheur de la peau des Européens.

Il n'est pas facile de reconnoître les femmes : on ne leur trouve pas cette délicatesse de traits qui distingue le sexe dans la plupart des contrées du globe.

Ces Indiens se peignent le corps en rouge , et se barbouillent le visage avec une couleur noire, rouge, et blanche ; ils parsèment cette peinture d'un *mica* brun , qui la rend

plus brillante. Ils ont presque tous
un grand trou et deux autres petits
au lobe de l'oreille. Ils y suspendent
des morceaux d'os, des plumes montées sur une bande de cuir, de petits
coquillages, des faisceaux de poil,
ou des morceaux de cuivre. Ils ont,
dans le diaphragme du nez, un trou
où ils passent une petite corde.
Quelques-uns y attachent des morceaux de fer, de laiton, ou de cuivre, en forme de fer-à-cheval. La
cheville de leurs pieds est entourée
d'une multitude de petites bandes
de cuir, et de nerfs d'animaux, qui
y forment un volume considérable.

Dans les grandes occasions, ils se
revêtent de manteaux de peau de
loup ou d'ours; mais rien n'égale
leur figure terrible, lorsqu'ils pren-

nènt ce qu'on pourroit appeler un *accoutrement monstrueux.*

Cet accoutrement consiste en une multitude infinie de masques de bois sculptés, qui se posent sur le visage, sur le front, ou les côtés de la tête. Les uns figurent une tête d'homme, d'autres des têtes d'oiseaux, ou de divers animaux terrestres et marins, comme des loups, des marsouins, etc. Ces figures excèdent en général les dimensions naturelles. Elles sont peintes, et parsemées de grains de *mica;* ce qui sert encore à en augmenter la difformité. Ils ont une telle passion pour ces sortes de déguisemens, qu'un sauvage qui n'avoit point de masques mit sa tête dans un pot d'étain, qu'il avoit acquis de nous.

J'ignore si la religion entre pour quelque chose dans cette mascarade ridicule, s'ils l'emploient dans leurs fêtes, ou pour en imposer à leurs ennemis, ou pour attirer les animaux à la chasse. Il est certain que si, dans les siècles d'ignorance, où l'on étoit passionné pour le merveilleux, des voyageurs avoient rencontré une troupe de sauvages ainsi équipés, et s'ils n'avoient pas eu la faculté de les examiner d'assez près, ils n'auroient pas manqué de croire, et de faire croire aux autres, qu'il existoit une race d'êtres, participant de la nature des brutes, et de celle de l'homme.

Mais, lorsque ces sauvages n'ont pas ce bizarre accoutrement, leur physionomie n'a rien de repoussant

ni de féroce. Les passions, et notamment la curiosité, ne paroissent
pas exercer sur eux un grand em-
pire. Il faut attribuer leur insou-
ciance à leur paresse, qui est exces-
sive. D'un autre côté, ils ne laissent
pas d'être susceptibles d'émotions
douces, car ils aiment la musique,
et observent parfaitement la mesure.

Il ne paroît pas qu'il y ait dans
l'*Entrée* d'autre village que celui
dont j'ai parlé plus haut, et un autre
qui en est voisin. La population
peut monter à deux mille ames.
D'après la nature de leurs occupa-
tions, qui consistent à saler et *sau-
rer* du poisson, il est facile de concevoir qu'il ne règne pas une grande
propreté dans l'intérieur des habitations. Cependant la plupart des mai-

sons sont ornées de mauvaises statues ; ce sont de gros troncs d'arbres, dont le haut représente une figure d'homme ; les bras et les mains sont taillés sur les côtés, et bigarrés de vives couleurs. L'ensemble en est assez informe et monstrueux.

Les pirogues sont composées d'un seul arbre ; mais il en est qui peuvent porter vingt hommes.

CHAPITRE XIII.

Tempête à la sortie de Nootka. — Suite du relèvement de la côte d'Amérique. — Baie de Behring. Isle de Kaye. — Relâche dans l'anse du Prince-Guillaume. — Conduite des naturels.

Nous remîmes en mer le 26 avril 1778, au soir. Tout annonçoit une tempête. Ces indices ne nous trompèrent point. A peine étions-nous à la voile, que des vents violens nous accueillirent. La *Résolution* fit une voie d'eau, qui, dans le commencement, nous inquiéta beaucoup, parce qu'on la croyoit deux

pieds au-dessous de la ligne de flot-
taison ; mais bientôt on vérifia
qu'elle étoit au niveau de la mer,
et quelquefois au-dessus, quand le
vaisseau étoit droit. Il fut facile
d'en arrêter les progrès, en faisant
jouer les pompes.

Je tins la haute mer jusqu'au 30 ;
alors je crus devoir rallier la côte,
et je fus fâché de ne l'avoir pas pu
faire plus tôt : nous dépassions alors
l'endroit où les géographes ont tracé
le prétendu détroit de l'amiral de
Fonte. La lecture de la relation de
ce navigateur se réfute d'elle-même ;
cependant j'avois un vif desir de
vérifier cette partie de la côte du
Nouveau-Monde, afin d'éclaircir
tous les doutes. Nous nous trou-
vions alors par 53 degrés 22′ de la-

titude, et 225 degrés 14' de longitude.

Le 2 mai, j'apperçus la côte ; j'en étois éloigné d'à-peu-près six lieues. C'est probablement dans cet endroit qu'atterrit le navigateur russe Ticheriîkow, en 1741 (1). Nous avions à l'est ¼ sud-est la pointe septentrionale d'un *sound* ou entrée, ou tout au moins d'une ouverture qui y ressembloit. Nous dépassâmes, entre onze heures et midi, un groupe de petites îles par 56 degrés 48' de latitude ; au nord de ces mêmes îles étoit une large baie. Un promontoire, situé dans la partie septentrionale de la baie, sembloit se

(1) Voy. les *Découvertes des Russes* recueillies par Muller, p. 248 à 254.

prolonger vers le nord, derrière une montagne élevée et arrondie. J'ai donné à la montagne le nom de mont *Edgecumbe*, et celui de cap *Edgecumbe* à la pointe de terre qui semble en sortir.

La plus grande partie du rivage est montueuse, et d'une élévation considérable. Le mont Edgecumbe, qui se distinguoit au milieu de toutes ces hauteurs, étoit entièrement couvert de neige, ainsi que les plus considérables d'entre elles.

Je nommai ce bras de mer la baie des îles, à cause du grand nombre d'îles et d'îlots qu'on y remarque. Il paroîtroit que c'est dans cette même baie que les Espagnols trouvèrent, en 1775, un port, auquel ils donnèrent le nom de *Los remedios*, parce

parce que cet asyle se présentoit fort à propos.

Le 4, j'eus en vue le sommet d'une montagne élevée, que je crois être la même que Behring a nommée le mont *Saint-Elie*. Nous apperçûmes, dans tout le cours de cette journée, des baleines, des phoques de toute espèce, et des marsouins, une multitude de goîlands, et plusieurs volées d'oiseaux remarquables par un cordon noir autour de la tête, une bande pareillement noire à l'extrémité de la queue et à la partie supérieure des ailes. Ils ont le dessus du corps bleuâtre, et le dessous blanc.

Arrivé derrière la baie, à laquelle je laisserai le nom de baie de Behring, en l'honneur du marin qui l'a découverte, je vis la chaîne des montagnes dont je viens de parler, interrompue par une plaine de quelques lieues d'étendue. L'horison n'étoit terminé par aucune élévation; de sorte que le terrain doit être uni, ou couvert d'eau.

Le 10, je reconnus une île, où je débarquai le lendemain avec un canot, dans l'intention de gravir les collines, et de considérer la mer de l'autre côté; mais l'escarpement des hauteurs, et sur-tout la difficulté des chemins, me contraignirent d'y renoncer. Je laissai, sur une petite éminence, au pied d'un arbre, une bouteille, dans laquelle j'ai renfermé un papier où sont inscrits les noms des deux bâtimens, et l'époque de notre passage. J'y ai laissé de plus

deux pièces d'argent d'un *penny*
chacune (deux sous), frappés en
Angleterre en 1772. Je les avois
reçues, ainsi que plusieurs autres,
du docteur Kaye, alors chapelain
du roi, et aujourd'hui doyen de
Lincoln; et, pour lui offrir une
marque de ma considération, j'ai
donné son nom à cette île. Elle a
onze à douze lieues de longueur
dans sa direction du nord-est au
sud-ouest; mais sa plus grande largeur ne passe pas une lieue ou une
lieue et demie.

Le sol est hérissé de rochers d'une
substance bleuâtre, qui, presque
par-tout, est dans un état de dé-
composition. Les gorges ou petites
vallées servent de lits à des ruisseaux
ou torrens qui s'en précipitent avec

une impétuosité extrême. Il est probable que les neiges alimentent seules leur cours, et qu'ils tarissent dès qu'elles sont complètement fondues. Diverses parties de la côte sont couvertes de forêts de pins : leur grosseur n'est rien moins que considérable ; il en est peu qu'on ne puisse environner avec les bras. Ils ont quarante à cinquante pieds de haut. Il est difficile de déterminer la grosseur de ceux de ces arbres qui croissent sur le continent; mais, parmi les bois que les flots de la mer ont transportés sur la grève de l'île Kaye, il n'y en avoit pas de plus gros. Tous les pins paroissoient de la même espèce ; il n'y avoit ni pins du Canada ni cyprès. Quelques-uns nous semblèrent être des

:aunes; ils étoient petits, et leurs feuilles nouvelles n'étoient pas encore développées. Sur la lisière des rochers étoit une sorte de gazon d'un pied et demi d'épaisseur, lequel avoit l'apparence de la mousse ordinaire.

J'observai, parmi les végétaux, des groseillers, des aubépines, une petite violette à fleurs jaunes, quelques plantes qui n'étoient pas encore en fleurs, et dont l'une fut jugée à ses feuilles, par M. Anderson, pour être l'*heracleum de Linné*. Nous y apperçûmes aussi des touffes de l'herbe douce. Peller, compagnon de Behring, pense que les Américains se nourrissent de ce dernier végétal, et qu'ils l'apprêtent à la manière des Kamtschtadales.

Je ne décrirai point les oiseaux aquatiques, qui, de toutes parts, s'offrirent à nos yeux : ils étoient, en général, de l'espèce des albatrosses, des plongeons, des canards, des péterels, des nigauds, des goîlands, etc. Les nigauds étoient d'une grande taille; ils avoient le corps tout noir, et, quand ils prenoient leur essor, on leur voyoit une tache blanche sous les ailes. Il paroît que c'étoient plutôt des cormorans aquatiques de la grosse espèce. Nous remarquâmes en outre un oiseau solitaire, de l'espèce des goîlands. Il étoit d'une extrême blancheur, à l'exception des couvertures supérieures de ses ailes, qui étoient noires.

A l'endroit de notre débarquement, nous vîmes un renard sortir du fond du bois. Notre présence, au reste, ne l'embarrassa guère ; il affecta de se promener tranquillement sans témoigner la moindre crainte ; sa couleur étoit d'un brun rougeâtre.

Rien n'indiquoit que jamais des hommes eussent mis avant nous le pied sur cette île.

Ayant remis à la voile, je longeai la côte, et y reconnus diverses baies ou promontoires, que je nommai, entre autres, la baie du contrôleur, et le cap *Hinchingbroke*. Je mouillai dans une anse au-dessous de ce dernier cap. J'ordonnai à divers détachemens d'aller, les uns à la pêche, les autres à la chasse. M. Gore, s'étant rendu, pour ce dernier objet, vers de petites îles de rochers, apperçut vingt naturels sur deux grosses pirogues. Il crut devoir rejoindre les vaisseaux. Les Indiens le suivirent; mais ils se tinrent à une certaine distance des bâtimens. Ils poussèrent des cris, étendirent et rapprochèrent tour-à-tour leurs bras, et entonnèrent une chanson qui ressembloit tout-à-fait à celles des habitans de Nootka. Ils avoient, comme ceux-ci, la tête couverte, et en quelque sorte saupoudrée de petites plumes.

Un d'eux agitoit en l'air une étoffe blanche; ce que nous prîmes pour un signal d'amitié. Un autre se tint un grand quart-d'heure debout dans sa pirogue, immobile, absolument nu, et les bras étendus en croix.

Leurs pirogues n'étoient pas construites d'un seul tronc d'arbre, comme celles de l'entrée du roi Georges ou de Nootka. De petites lattes en formoient toute la charpente; elles étoient revêtues, à l'extérieur, de peaux de veaux marins ou d'animaux analogues.

Nous répondîmes à toutes leurs démonstrations de bienveillance; mais les gestes les plus affectueux et les plus expressifs ne furent pas capables de les engager à venir à bord. Quelques-uns de nos gens répétèrent différens mots de la langue de Nootka; mais les Indiens ne parurent pas les comprendre.

Après avoir reçu les présens dont nous les gratifiâmes, ils se retirèrent vers le point de la côte d'où ils étoient venus, et nous firent entendre par signes qu'ils reviendroient le lendemain.

Toutefois deux de ces sauvages, montés sur une petite pirogue, restoient auprès de nous, malgré la nuit. Ils avoient probablement le dessein de nous voler quelque chose, car ils s'en allèrent dès qu'ils s'apperçurent qu'on les surveilloit.

Les naturels reparurent en effet le jour suivant; mais nous étions déjà sous voiles. Ils nous suivirent une demi-heure sans réussir à nous atteindre. Ce même jour, 13 mai, je gouvernai vers une superbe baie, ou plutôt un hâvre. Nous y mouillâmes par treize brasses de profondeur.

Le mauvais temps, qui nous faisoit beaucoup souffrir, n'empêcha pas trois des naturels de nous rendre visite. Ils arrivèrent sur deux pirogues qui n'auroient pas été capables d'en contenir un plus grand nombre, car elles étoient construites sur le modèle de celles des Esquimaux. Elles étoient couvertes par-dessus d'une peau de veau marin. L'une, percée de deux trous, pouvoit contenir deux navigateurs ; l'autre, percée d'un seul, n'en pouvoit tenir qu'un. (*Voy. les pl. 13 et 14 du second atlas ; l'une pour la perspective, l'autre pour la forme des canots.*)

Chacun de ces sauvages tenoit un bâton d'environ trois pieds de longueur, auquel étoient attachées de grosses plumes, ou même des ailes entières d'oiseaux. Ils agitoient souvent ces bâtons vers nous, et, selon toute apparence, pour nous annoncer leurs intentions pacifiques.

Plusieurs autres, séduits par le bon accueil que nous avions fait à ceux-ci, vinrent nous visiter sur de grandes et petites pirogues. Ils se hasardèrent à monter à bord; mais il fallut pour cela que quelques-uns de nos gens entrassent dans leurs canots. Parmi ceux qui visitèrent la *Résolution*, je remarquai un homme de moyen âge, d'une figure intéressante. J'appris ensuite que c'étoit le chef. Son vêtement consistoit en peaux de loutres de mer. Son chapeau étoit décoré de grains de verre bleu-célestes, de la grosseur d'un pois, et semblables à ceux dont se parent les Indiens de Nootka.

Ces grains de verre paroissoient avoir plus de prix à ses yeux que nos verroteries blanches. Au surplus,

ils

ils recherchoient avidement les grains de verre, de quelque espèce qu'ils fussent. Ils donnoient, en retour, ce qu'ils possédoient de plus précieux, même leurs superbes fourrures de loutre.

Ils demandoient aussi du fer; mais il falloit que les morceaux eussent au moins huit ou dix pouces de longueur, et trois ou quatre doigts de largeur. Tous les petits articles étoient refusés par eux; et, comme nous n'avions plus sur les vaisseaux assez de gros morceaux pour les satisfaire, ils en obtinrent fort peu.

Les pointes de quelques-unes de leurs lances étoient garnies de fer; d'autres étoient de cuivre: un petit nombre de ces armes étoit garni en os; mais les pointes de leurs dards, de leurs traits, étoient toutes de cette substance.

Jamais je ne pus persuader leur chef de descendre sous le pont. Ni lui ni les siens ne restèrent pas long-temps à bord; mais il fallut les sur-veiller exactement, car ils se mon-trèrent fort enclins au vol.

Après avoir passé trois ou quatre heures à bord de la *Résolution*, ils nous quittèrent pour se rendre sur la *Découverte*. Aucun d'eux ne s'y étoit encore montré, si ce n'est un homme qui en arrivoit au moment où ils se séparoient de nous, et qui y retourna avec eux. Je crus d'abord qu'il avoit remarqué, sur ce dernier bâtiment, des objets qu'il savoit de-voir être plus agréables à ses compa-

triotes que tout ce qu'il avoit vu
sur la Résolution ; mais je me trom-
pois, ainsi qu'on va le voir.

En effet, ils ne tardèrent pas à
s'éloigner de la Découverte. Au lieu
de revenir à nous, ils marchèrent
vers le canot que j'avois envoyé
sonder la baie. L'officier commandant, observant leurs démarches,
revint à bord, et il fut suivi de toutes les pirogues. A peine le détachement étoit-il rentré sur la Résolution, que quelques-uns des Américains s'élancèrent dans le canot,
malgré les deux hommes de garde
que nous y avions laissés. Déjà ils
présentoient leurs piques à nos sentinelles, et se préparoient à couper
la corde ; mais ils lâchèrent notre

embarcation, quand ils nous virent disposés à la défendre.

Lorsqu'ils eurent rejoint leurs canots, ils nous firent signe de mettre bas les armes, et parurent tout aussi tranquilles que s'ils n'avoient rien entrepris de déshonnête.

A bord de la Découverte, ils avoient fait une tentative plus audacieuse encore. L'homme qui s'y étoit rendu le premier, n'ayant apperçu sur le pont que l'officier de garde et un ou deux matelots, crut qu'il ne s'y trouvoit pas davantage de monde, et que le pillage du bâtiment leur seroit facile. C'est dans cette intention qu'ils s'y étoient tous rendus, encouragés par l'éloignement de la Résolution. Plusieurs d'entre eux grimpèrent sans façon

sur le tillac, et tirèrent leurs couteaux. Puis, ayant fait signe à l'officier et aux matelots de se tenir à
l'écart, ils promenèrent leurs regards
de côté et d'autre, afin de voir ce
qui leur conviendroit. D'abord ils
se-saisirent du gouvernail d'un des
canots, et le jettèrent à ceux d'entre
eux qui étoient dans les pirogues.

Mais on ne leur laissa pas le temps
d'en faire davantage. L'équipage de
la Découverte prit l'alarme, et les
Anglais se montrèrent le sabre à la
main. A ce terrible aspect, les voleurs firent leur retraite, et se réfugiè-
rent dans leurs pirogues avec autant
d'intrépidité et de sang-froid, qu'ils
en avoient mis à abandonner le canot de la *Résolution*.

Le capitaine Clarke a appris que

ces Américains annoncèrent à ceux qui n'avoient point pris part à leur expédition de combien les *cou-teaux* des Anglais étoient plus longs que les leurs.

Il est raisonnable de croire que ces Indiens n'avoient aucune idée des armes-à-feu. Sans cela, comment auroient-ils osé entreprendre d'enlever un de mes canots à la portée de mon artillerie, en présence de cent hommes armés? Je supportai néanmoins leur insolence, et j'ai la satisfaction de dire que nous les avons laissés, sur notre pouvoir, dans la même ignorance où nous les avions trouvés. Jamais ils ne nous ont vu tirer que des oiseaux.

Le 14, ayant jeté l'ancre pour

mettre la *Résolution* à la bande, la corde de la bouée entraîna au fond de la mer un de nos matelots. Cet homme eut la présence d'esprit, dans cet instant critique, de se dégager lui-même, et de revenir à la surface de l'eau ; on le remonta à bord. Une de ses jambes étoit grièvement fracturée.

Le 15, on se mit à réparer la voie d'eau. Nous étions mouillés dans un endroit que j'ai nommé *Snug corner bay* (baie du cul-de-sac ou du réduit fermé), parce que ce canal n'a d'issue que vers la haute mer. J'envoyai M. Gore sur un canot, pour chercher si dans cette anse il existoit un passage au nord ; mais il n'en trouva point.

Le 18, ayant remis à la voile, je

longeai une île que je nommai île *Montague*, et de petites terres, auxquelles je donnai le nom *d'îles Vertes*. Le *sound* ou anse, dont nous venions de sortir, a reçu de moi celui d'anse du *Prince-Guillaume*.

CHAPITRE XIV.

Description des naturels de l'anse du Prince - Guillaume. — Productions animales, végétales, et minérales.

La taille des naturels qui s'approchèrent de nous n'étoit pas au-dessus de la taille ordinaire; quelques-uns même étoient au-dessous. Ils avoient les épaules quarrées, la poitrine large, le cou épais et court, le visage large et aplati. Leur tête étoit plus grosse que ne le comportent les proportions ordinaires. Bien que leurs yeux ne fussent pas petits, ils ne paroissoient pas assez grands pour leur visage; leurs nez étoient terminés par une pointe droite, arrondie, crochue, ou quelquefois retournée en haut. Leurs dents étoient larges, blanches, égales, et dans un ordre parfait; ils avoient les cheveux noirs, épais, lisses, et forts; leur barbe étoit en général peu fournie, et presque nulle. Les vieillards avoient des barbes touffues, mais droites et lisses.

Quoique cette tribu présente une grande analogie dans les proportions des diverses parties du corps, on voyoit cependant beaucoup de variété dans leurs traits. Il se trouve, au reste, parmi eux, peu de figures qu'on puisse appeler jolies ; mais leur visage annonce à la fois la vivacité et la bonhomie. Plusieurs avoient une physionomie sombre et réservée. Quelques-unes des femmes ont le visage agréable. On reconnoît le sexe des plus jeunes d'entre elles à la délicatesse de leurs traits. Plusieurs de ces Indiennes et de leurs enfans avoient le teint blanc, sans aucune nuance de rouge. La peau de ceux des hommes que nous apperçûmes nus étoit basanée ; mais on ne peut guère attribuer cette couleur à la peinture, vu qu'ils n'ont pas la coutume de se teindre le corps.

Les hommes, les femmes, et les enfans, s'habillent de la même manière. Leur vêtement ordinaire est une sorte de robe qui leur tombe jusqu'à la cheville du pied, ou seulement jusqu'au genou. Il y a dans cette robe un trou de la largeur suffisante pour passer la tête ; elle est garnie de manches qui descendent jusqu'au poignet.

Ils façonnent ces robes avec des fourrures de différens animaux. Les plus communes sont les peaux de loutres de mer, de renards gris, de ratons, et de martres de pins. Ils font aussi un grand usage de peau de veau-marin ; en général, ils portent ces fourrures le poil en dehors. Ils se font de plus des vêtemens avec des peaux d'oiseaux, dont il ne reste

plus que le duvet; ils ont aussi l'art
de coller ce duvet sur d'autres sub-
stances. Nous vîmes parmi eux
deux ou trois habits de poil, semblables à ceux que nous avions ob-
servés à Nootka.

Sur les coutures ou points de réu-
nion de ces pelleteries, ils appli-
quent des glands ou des franges de
bandes de cuir étroites, coupées
dans les mêmes fourrures.

Un petit nombre de ces Indiens
portent, pour ornement de tête,
une sorte de chaperon: d'autres ont
un capuchon; mais la plupart ont
des espèces de chapeaux.

Tel est leur habillement complet
quand il fait beau temps; mais,
quand il pleut, ils mettent, par-
dessus leur première robe, un sur-
tout

tout de boyaux de baleine, ou d'un
autre gros animal. Ils savent pré-
parer cette substance avec tant d'a-
dresse, et lui donnent si peu d'épaisseur, qu'elle ressemble à la peau de
baudruche, qu'emploient nos bat-
teurs d'or, et qui est, comme on
sait, une des enveloppes des boyaux
de bœuf.

Ce second vêtement leur emboîte
hermétiquement le cou; les manches en sont serrées autour du poignet avec une ficelle. Lorsqu'ils
sont dans leur canot, les pans de
ce second habit sont relevés par-
dessus le trou dans lequel ils s'as-
seyent; ainsi les vagues ne peuvent
entrer dans leur pirogue. Ce vêtement, aussi impénétrable à l'eau
qu'une vessie, garantit leur corps

de la pluie; mais il est nécessaire qu'ils le tiennent toujours humide, sans quoi il se gerceroit et se romproit. Enfin cette souquenille a beaucoup de rapport avec le vêtement des Groënlandais, tels que le décrit Crantz (1).

Ils ont, pour la plupart, l'habitude de ne se couvrir ni les jambes ni les pieds; mais quelques-uns ont des espèces de bas de peaux qui remontent jusqu'à mi-cuisse : il est rare d'en trouver un seul qui n'ait pas des gants ou des mitaines faites avec la peau de la patte des ours.

Les hommes se coupent communément les cheveux autour du cou

(1) Voyez *Histoire du Groënland*, tome I, pag. 136 et 138.

et du front, mais les femmes les laissent croître dans toute leur longueur.
La plupart les disposent en touffes sur
le sommet de la tête : un petit nombre
les nouent par derrière comme nous.
Les deux sexes se percent les cartila-
ges de l'oreille de plusieurs trous,
tant en haut qu'en bas ; ils y suspendent des paquets de ces coquilles ,
en forme de *térébratules* , dont les
Indiens de Nootka font tant de cas.
Ils se pratiquent également un trou
dans la cloison du nez. Ils y placent
ordinairement des tuyaux de plumes, ou des ornemens un peu con-
vexes : ce sont des débris de coquillages, dont je parlois tout-à-l'heure ,
enfilés à un cordon de trois ou quatre
pouces de longueur. Cette décora-
tion leur donne une physionomie

vraiment grotesque : mais ce n'est
pas tout. Il en est parmi eux qui ont
la lèvre inférieure fendue ou coupée
dans le sens de la bouche. On fait
cette incision aux enfans à la mamelle. Souvent elle a plus de deux
pouces de longueur. La contraction
des muscles lui fait prendre la forme
des lèvres, et elle devient assez considérable pour que la langue puisse
la traverser de part en part.

Telle étoit la lèvre du premier
sauvage que vit un de nos matelots.
Celui-ci s'écria que l'Indien avoit
deux bouches, et on l'eût en effet
pensé au premier aspect. Ils attachent dans cette bouche artificielle
un ornement étroit et plat, façonné
avec un coquillage ou avec un os,
découpé d'une infinité de dentelures

profondes. La partie ainsi dentelée est la seule qui se voie. Quelques-uns de ces Américains ont seulement la lèvre inférieure percée de trous, où ils mettent des coquillages en forme de clous, dont les pointes saillent en dehors, et dont les têtes se montrent en dedans de la lèvre. On les prendroit pour une seconde rangée de dents immédiatement placée au-dessous de la mandibule inférieure.

Tels sont les ornemens dont la matière est tirée du pays ; mais nous y trouvâmes quantité de verroteries fabriquées en Europe. La plupart de ces grains de verre étoient d'un bleu pâle : ils les suspendent à leurs oreilles, autour de leurs chapeaux, ou bien aux ornemens bizarres qui défiguret leurs lèvres. Il n'est pas rare qu'à ce premier pendant ils en ajoutent d'autres, et souvent une telle garniture leur descend jusqu'au menton.

Ils se parent de plus avec des bracelets de grains de verre, de coquillages cylindriques, et d'une substance semblable à l'ambre. C'est de cette dernière matière que sont composés divers colifichets qu'ils portent à leurs oreilles et à leur nez. Ils ont en général tant de goût pour la parure, qu'ils chargent leur lèvre percée de toutes sortes d'objets. Un de ces sauvages y portoit deux de nos clous de fer : un autre essaya d'y faire entrer un gros bouton de cuivre.

Nous avons dit qu'ils ne se pei-

gnoient point le corps; mais les hommes s'oignent le visage d'un rouge
éclatant, ou d'une couleur noire,
ou d'une couleur bleue, ou d'une
couleur plombée. Ils n'y tracent pas
de figures régulières. Les femmes,
pour les imiter, se barbouillent le
menton d'une peinture noire; une
longue pointe s'avance sur les joues.
C'est encore une des modes qui, au
rapport de Crantz, se fait voir au
Groënland. Au surplus, je n'ai guère
vu de sauvages qui se donnent plus
de peine que ceux-ci pour orner,
ou plutôt pour déformer leur personne.

Ils ont deux espèces de canots;
les uns sont grands et découverts,
les autres couverts et petits. Dans
une des plus grandes pirogues nous

comptâmes vingt femmes et un homme, outre plusieurs enfans. Les petites ne peuvent contenir qu'une personne ou deux tout au plus. Ils y sont renfermés jusqu'à la ceinture, à la manière des Esquimaux.

Les armes et les instrumens de pêche, en usage parmi eux, sont absolument les mêmes que ceux des Esquimaux et des Groënlandais ; ils se rapportent absolument à la description que Crantz en a donnée. J'ai remarqué parmi eux une armure défensive. C'est une cotte de mailles composée de lattes légères, réunies par des tendons d'animaux. Elle est d'une flexibilité extrême, mais en même temps si serrée, que les dards et les flêches ne sauroient la pénétrer. Elle couvre la poitrine, l'esto-

mac et le ventre, et peut se compa-
rer aux corps de baleine que portoient nos dames d'Europe.

Aucun de ces Indiens ne résidoit
dans la baie où nous mouillâmes ;
nous n'apperçûmes, sur les divers
points de la côte, aucune trace de
leurs habitations. Elles sont probablement reculées dans l'intérieur des
terres. Parmi les ustensiles de mé-
nage qu'ils apportèrent dans leurs
pirogues, nous distinguâmes des
plats de bois creux, d'une figure
ronde ou ovale : il y en avoit de cylindriques et de beaucoup plus pro-
fonds. Les parois latérales en étoient
d'une seule pièce, et revêtues, sur la
jointure, d'une lanière de cuir. De
petites chevilles de bois y attachoient
le fond.

Nous en vîmes de plus petits et d'une forme plus élégante. Ils étoient d'un seul morceau de bois, ou d'une substance de la nature de la corne ; quelquefois ils étoient ornés de jolies ciselures. Ces Indiens avoient encore une multitude de petits sacs quarrés, composés, ainsi que leur surtout, de boyaux de baleine. Ils étoient parsemés de petites plumes rouges. Dans ces sacs ils renferment les fibres tendineuses, qui leur servent de fil et de petites cordes fort adroitement tressées. En outre, ils nous firent voir des paniers marquetés, et d'un tissu si compact, qu'ils pouvoient contenir de l'eau, des modèles en bois de leurs canots, une foule de petites images de quatre ou cinq pouces de longueur. Ces derniers

objets étoient ou de bois ou rem-
bourrés , et couverts d'un morceau
de fourrure : ils étoient ornés de petites plumes ; la tête en étoit garnie
de cheveux.

Je ne saurois dire si c'étoient des
jouets d'enfans , des figures qui re-
présentent leurs amis morts, ou des
idoles.

Ils ont beaucoup d'instrumens
composés de deux ou trois cerceaux
concentriques , réunis par deux pièces de bois disposées en croix. Ils suspendent à ces barres des coquillages,
qui font autant de bruit que des
grelots quand on les agite.

J'ignore avec quelle espèce d'outils ils travaillent leurs meubles de
bois, comment ils s'y prennent pour
fabriquer leurs canots et leurs autres

ouvrages. Le seul instrument propre à cet usage, que j'aie vu parmi eux, est une hache de pierre, d'une forme analogue à celle des haches que nous avons vues dans toutes lés îles de la mer du sud. Ils possèdent un grand nombre de couteaux de fer. Quelques-uns sont recourbés. Il y en a de très-petits, montés sur de longs manches, et dont la lame est un peu concave, comme les tranchets de nos cordonniers.

Nous apperçûmes aussi entre leurs mains des couteaux qui ont jusqu'à deux pieds de longueur, une ligne saillante au milieu, et à-peu-près la forme d'une dague. Ils les portent dans des gaînes de peau suspendues à leur cou; ils ne s'en servent vraisemblablement qu'à la guerre.

Au.

Au reste, tous leurs ouvrages ont autant de fini et de perfection que s'ils avoient un assortiment complet de nos outils. Si l'on réfléchit à l'état de barbarie et d'ignorance dans lequel vivent d'ailleurs ces sauvages, à la rigueur du climat qu'ils habitent, aux neiges éternelles dont ils sont environnés, aux misérables outils qu'ils ont à leur disposition, l'on ne pourra se refuser à admirer l'esprit d'invention et la dextérité qui président à tous leurs ouvrages.

Le seul aliment animal que nous leur ayions vu prendre, c'est du poisson sec et de la viande grillée. Nous achetâmes de cette viande ; elle nous parut être de la viande d'ours, mais elle avoit un goût de poisson. Ils se nourrissent aussi de racine de fougère, cuite au four, ou différemment apprêtée. Plusieurs de nos gens les virent encore manger, sans répugnance, un aliment que nous avons jugé être le *liber* intérieur de l'écorce du pin.

Leurs canots étoient remplis de vases de bois, contenant de la neige qu'ils avaloient avec plaisir. Ils trouvent plus facile de transporter de la neige que de l'eau, qui, nécessairement, se répandroit.

Ils mangent avec beaucoup de décence et de propreté : ils ont grand soin d'ôter les ordures qui adhèrent à leurs alimens. Bien qu'ils mangent par fois la graisse toute crue de certains animaux marins, ils ne manquent jamais de la diviser avec leurs petits couteaux. Ils usent de

la même propreté sur leurs personnes ; ils ne présentent ni taches de
graisse , ni aucune autre ordure.
Leurs vases de bois étoient en fort
bon état , ainsi que les canots.

Leur idiome est très-difficile à
apprèndre pour les Européens. Cela
ne tient pas précisément à la confu-
sion de leurs articulations , mais à
ce que les termes de leur langue et
les sons qu'ils emploient ont diverses significations. Peut-être aussi
nous sommes-nous trompés.

Les animaux de cette contrée de
l'Amérique sont à peu de chose près
les mêmes que ceux de Nootka.
Nous ne les connoissons que par les
fourrures dont nous avons fait em-
plette. Les peaux de martres, de ratons, et de loutres, étoient plus abon-

dantes que les autres; mais le poil étoit d'une moindre finesse. Les peaux d'ours et de veaux-marins étoient également assez communes; ces dernières étoient, pour la plupart, blanches, et agréablement bariolées de noir, ou quelquefois tout-à-fait blanches. Les fourrures d'ours étoient brunes, ou couleur de suie. Nous remarquâmes encore la *Wolverine* (1), dont les couleurs étoient extrêmement brillantes, et une espèce d'hermine plus grande que l'espèce vulgaire.

Enfin, une des plus belles fourrures qui semble particulière à cet endroit, car nous n'en avions point encore vu de pareilles, c'est celle

(1) Ursus luscus. *Linné.*

(*Note du traducteur.*)

d'un petit animal, dont la longueur est d'environ dix pouces. Il a le dessus du corps brun, avec une infinité de taches d'un blanc sale, et les flancs d'un cendré bleuâtre, également parsemé de taches. La queue n'excède pas le tiers de la longueur du corps; elle est couverte, sur les bords, de poils blanchâtres.

Je ne sais si cet animal doit être rangé dans le genre de la souris ou de l'écureuil, parce que je n'en ai examiné que des peaux imparfaites et mutilées : c'est peut-être celui que M. Staehlin appelle mulot taché dans sa courte description du nouvel archipel du nord. M. Anderson étoit porté à croire que c'étoit l'animal que M. Pennant a décrit sous le nom de marmotte de

Casan. Le grand nombre de fourrures de ce petit quadrupède atteste
qu'il est très-répandu dans le pays.

J'observerai que nous ne vîmes
ni peaux de rennes, ni peaux de
daims.

De tous les oiseaux que nous
avions vus à Nootka, nous ne retrouvâmes ici que l'aigle à tête blanche,
le nigaud, l'alcyon, ou grand martin-pêcheur, orné des couleurs les
plus éclatantes, et le colibri qui voltigeoit souvent autour de notre vaisseau. Ce foible volatile ne passe
point sans doute l'hiver dans une ré-
gion aussi froide.

J'observai encore, parmi les oiseaux, des oies, une nouvelle espèce
de canards, des pies de mer à bec
rouge, semblables à celles que nous

avions vues à la terre de Van
Diemen et dans la nouvelle Zélande.
Ceux de nos gens qui débarquèrent
sur la côte tirèrent une gélinotte à
longue queue, des bécassines, et des
pluviers. Les oiseaux aquatiques,
et notamment les canards, étoient
nombreux, mais si farouches, qu'il
étoit difficile de les approcher à la
portée du fusil.

Une espèce de plongeon nous
sembla particulière à cette anse ;
nous remarquâmes un petit oiseau
de terre, de l'espèce du pinçon, de
la grosseur d'un bruant.

Les seuls poissons que nous nous
procurâmes furent des *torsks* et des
plies ; les naturels nous les vendirent
presque tous : nous recueillîmes, au-

tour du vaisseau, des *sculpins*, et quelques étoiles pourprées à dix-sept ou dix-huit rayons. Les rochers de cette côte sont presque dépourvus de coquillages, mais il s'y trouvoit de fort gros crabes.

Les seuls métaux que nous vîmes ici sont le cuivre et le fer. L'un et l'autre, et sur-tout le dernier, étoient dans une telle abondance, que la plupart des traits et des lames en étoient armés.

Bien peu de végétaux s'offrirent à nos regards : on ne voit guère dans les forêts que le pin du Canada, et le sapin *spruce*. Quelques-uns de ces arbres étoient assez gros.

Les grains de verre et le fer que possèdent ces sauvages leur viennent

assurément d'une nation civilisée.
D'après les observations que je viens
de citer, il est presque démontré
que jamais ils n'ont eu de relations
directes avec les Européens; mais
de qui leur viennent ces objets de
notre industrie ?

Il paroît qu'ils les ont reçus par
l'entremise de tribus répandues dans
l'intérieur des terres, depuis la baie
d'Hudson, ou à partir des établissemens anglais dans le Canada. Suivant une autre conjecture, qui n'a
pas autant de vraisemblance, les
navires russes du Kamschatka ont
étendu leur commerce jusqu'ici, ou
du moins les habitans des îles des
Renards, les plus orientales de ces
terres, communiquent le long de la

côte avec ceux de l'anse du Prince-Guillaume (1).

On pourroit objecter, contre la première hypothèse, que si nos marchandises viennent de la côte nord-est de l'Amérique à la côte nord-ouest, en traversant une immense étendue de terre, les fourrures que les Indiens de Nootka et

(1) Le voyage récent de Mackensie semble établir comme une vérité constante que les Américains de la côte nord-ouest ont reçu les divers objets manufacturés en Europe des tribus indiennes, voisines des États-Unis, et des autres établissemens européens. Ce voyageur qui a traversé toute la largeur du continent, a vu par-tout du fer, du cuivre, et du verre.

(*Note du traducteur.*)

de l'anse du Prince-Guillaume donnent en échange devroient arriver
jusqu'à la baie d'Hudson : mais
l'éloignement des lieux oppose une
difficulté insurmontable à ce trans-
port. Ces peaux trouvent nécessairement en chemin des consomma-
teurs, tandis que les clous, les verroteries, et les autres objets plus précieux, et d'un plus petit volume,
passent de main en main, par une
longue succession d'échanges et de
trafics intermédiaires.

CHAPITRE XV.

Suite de la reconnoissance de la côte nord-ouest d'Amérique. — Position de différens caps. — Rivière de Cook. — Arrivée à Oonalashka.

EN quittant l'anse du Prince-Guillaume, je gouvernai au sud-ouest. Un promontoire que je découvris le 21 mai, anniversaire de la naissance de la princesse Elisabeth, reçut le nom de cette princesse. Ne voyant plus de terres au-delà, nous dûmes croire un instant avoir atteint l'extrémité occidentale du Nouveau-Monde ; mais bientôt nous fûmes détrompés, et apperçu-

mes

mes de nouvelles terres dans l'ouest-sud-ouest. Je crois avoir retrouvé par 58ᵈ 15′ de latitude et 207ᵈ 42′ de longitude le cap Saint-Hermogènes de Behring ; nous vîmes ce promontoire le 24.

Entre deux autres pointes que je nommai, l'une cap *Douglass*, l'autre pointe Banks, je vis une baie large et profonde, que j'appelai baie de la Fumée, à cause des tourbillons de fumée que nous appercevions sur la pointe Bancks.

D'autres prolongemens de la côte et de nouvelles îles s'offrirent à nos recherches, jusqu'au 28 que nous rencontrâmes une *entrée* ou *sound*, dans laquelle je remontai, afin de chercher un passage. Le 30, nous mouillâmes par dix-neuf brasses.

3ᵉ *Voyage.* T. II.   T

Deux pirogues, montées chacune d'un sauvage, vinrent nous rendre visite. Ces Indiens ne s'approchèrent de nous qu'avec défiance; enfin ils se laissèrent persuader. L'un d'eux nous parla beaucoup; mais toute son éloquence fut perdue, car nous ne comprîmes pas un mot de ce qu'il disoit: il paroissoit nous inviter à débarquer. Ils acceptèrent quelques bagatelles que je leur jetai. Ils ressembloient, à tous égards, à la peuplade de l'anse du Prince-Guillaume. Dans tout le cours de la journée, nous apperçûmes de la fumée sur la pointe Banks, et nous en conclûmes que les terrains bas et les îles sont les seuls endroits habités.

La marée avoit une vîtesse et une force prodigieuse: d'abord l'eau étoit aussi salée à la mer basse qu'à la mer haute, mais bientôt nous reconnûmes que nous remontions une rivière. L'eau étoit moins salée à la fin du reflux. Il n'y avoit plus d'espoir d'arriver par un détroit dans les mers du nord, mais nous nous étions avancés trop loin pour que je ne désirasse pas en avoir des preuves encore plus positives. En conséquence nous appareillâmes, et nous enfonçâmes dans le canal.

Nous fûmes encore visités par différens naturels, montés sur une grande pirogue et sur d'autres plus petites. Celles-ci ne portoient qu'un seul passager. Quelques-unes se manœuvroient, comme celles des Esquimaux, avec une seule pagaye à double pale. Avant d'arriver à notre bâtiment, les Indiens arborèrent au bout d'une longue perche une robe de fourrures ; nous conjecturâmes que c'étoit un signal de paix et d'amitié. Ils nous cédèrent cette même robe en retour de quelques bagatelles.

Ces indigènes ne différoient en rien de ceux de l'anse du Prince-Guillaume ; seulement leurs petites pirogues étoient d'un moindre volume, et ne contenoient jamais qu'un seul homme. Ils possédoient, comme ceux que nous avions vus précédemment, des couteaux de fer, et des grains de verre bleu—céleste. Leurs verroteries sembloient être pour eux d'un grand prix : ils reçurent les nôtres avec plaisir. Ils montroient sur-tout beaucoup d'ar-

deur pour se procurer du fer, qu'ils
appeloient *goone*; mais ce mot nous
a paru avoir encore d'autres significations dans cette langue; il est évident qu'elle est la même que celle
de l'anse Guillaume.

Afin de déterminer la direction
que prenoit le canal, j'envoyai le
master de mon bâtiment reconnoître
les lieux. Il me dit, à son retour,
qu'il avoit trouvé la rivière réduite à
une lieue de largeur, par les terrains
bas qui l'environnoient des deux
côtés, et à travers lesquels elle s'ou-
vroit un passage au nord. Il avoit
remonté le lit de la rivière pendant
trois lieues, et l'avoit trouvée navi-
gable pour les plus gros vaisseaux. Il
débarqua sur une île, où il apperçut
des groseillers chargés de fruits, et

d'autres arbrisseaux baccifères qui lui étoient inconnus.

Il observa, à trois lieues de l'endroit où il s'arrêta, et au nord de ce même point, une autre séparation dans la chaîne orientale des montagnes, à travers laquelle il suppose que coule la rivière ; mais je regarde comme plus vraisemblable que c'est un autre bras, et que la branche principale continue sa direction au nord. Il reconnut que les deux chaînes de hauteurs se rapprochent davantage à mesure qu'elles se prolongent vers le nord, mais qu'elles ne paroissent point se réunir.

N'ayant plus d'espoir de trouver un passage dans la mer du nord par ce canal, je voulus profiter de la marée pour examiner si un terrain bas, que je voyois dans le bras oriental, étoit une île, ou faisoit partie du continent : cette dernière conjecture se trouva la véritable. Je donnai au bras oriental le nom de rivière *Turnagain* , rivière du Retour : nous l'avons reconnue jusqu'à 61 degrés 30 $\frac{1}{2}$ de latitude, et 210^d de longitude, c'est-à-dire dans un espace de plus de trente lieues, sans rien voir qui indiquât sa source.

Si la découverte de cette grande rivière devient par la suite de quelque utilité, soit au siècle présent ,

(1) Le capitaine Cook, on ne sait par quelle raison, avoit laissé en blanc, dans son journal, le nom de cette ri-

soit aux siècles futurs, on regrettera moins le temps que nous y avons employé. Quant à nous, qui étions chargés d'intérêts plus pressans, j'avouerai que cela nous occasionna des délais fâcheux. L'été s'avançoit rapidement; nous ne savions pas combien nous aurions encore de chemin à tenir vers le sud, pour suivre la direction de la côte (2). Tout nous faisoit croire que l'Amé-

vière. Lord Sandwich, chef de l'amirauté, répara cette omission d'une manière fort heureuse, en lui faisant donner le nom de *Rivière de Cook*.

(1) Dans cet endroit le continent forme un coude : avant de débouquer vers le nord, il faut retourner vers le sud. (*Voyez la carte du troisième atlas.*)

(Note du traducteur).

rique septentrionale se prolonge à l'ouest infiniment plus loin que ne l'indiquent les cartes actuelles.

Enfin tout cela diminuoit la probabilité d'un passage dans la baie de Baffin, ou dans la baie d'Hudson, sur la côte nord-est. Mais je ne pensois pas, sans quelque satisfaction, que si mon voyage n'avoit pas eu lieu, les géographes, déterminés par une fause analogie, n'auroient pas manqué de le tracer sur les cartes, de leur propre autorité, à l'instar des prétendus détroits de *Fuca* et de *Fonte*.

Le 1ᵉʳ juin, j'envoyai M. King prendre possession de la rivière et du pays adjacent, au nom du roi d'Angleterre ; il y enterra une bouteille contenant diverses pièces de monnoies anglaises, au millésime de 1772, et un papier où étoient inscrits les noms de nos bâtimens et l'époque de la découverte.

A son retour, M. King me dit qu'à l'instant où il approchoit de la côte, vingt naturels parurent en étendant les bras, comme pour faire voir qu'ils n'étoient pas armés. Ces Indiens furent singulièrement effrayés à l'aspect des fusils de nos gens : ils les supplièrent de les quitter, en faisant les gestes les plus énergiques. M. King y ayant consenti, il s'établit des relations amicales entre nos gens et les sauvages. Ceux-ci avoient avec eux quelques pièces de saumon frais et plusieurs chiens. M. Law, chirurgien de la *Découverte*, acheta un de ces animaux, le conduisit sur le rivage, et le tua d'un coup de fusil, en présence des naturels. Cet évènement les frappa de surprise ; et, ne se croyant pas trop en sûreté avec des hommes si dangereux, ils se retirèrent. On découvrit bientôt leurs piques et d'autres armes qu'ils avoient cachées dans les buissons. M. King trouva ce sol marécageux ; la terre étoit maigre, noire, et légère ; il y croissoit un petit nombre de pins, d'aulnes, de bouleaux, de saules, de rosiers, de groseillers, et une herbe très-petite ; mais il n'y avoit aucune plante en fleur.

Le 2, nous vîmes arriver plusieurs grandes pirogues et quelques petits canots. Les Indiens, qui les montoient, nous vendirent jusqu'à leurs habits, et se mirent tout nus. Le fer étoit la plus précieuse marchandise que nous pussions leur offrir en échange. Leurs lèvres étoient ornées, mais pas autant, à beaucoup près, qu'à l'anse du Prince-Guillaume. En récompense, leurs nez étoient chargés d'une multitude de décorations. Ils avoient beaucoup de broderies blanches et rouges sur diverses parties de leurs vêtemens, sur leurs carquois, les étuis de leurs couteaux, etc.

Le 4, nous apperçûmes, pour la première fois, dans ces parages, des montagnes qui n'étoient pas chargées de neiges à leur sommet. Il y avoit un volcan dans une d'elles, par 60 degrés 23 minutes de latitude ; il s'en échappoit une fu—

mée

mée blanche , mais point de feu.

Nous reçûmes encore , chemin faisant, la visite de plusieurs naturels ; suivant toute apparence , ce n'est pas des Russes qu'ils tiennent le fer et le cuivre, que nous leur avons vus. S'il existoit un pareil trafic entre les deux nations , nous n'aurions pas vu ces barbares revêtus de fourrures aussi précieuses que celles de la loutre de mer.

D'ailleurs, toutes les peaux qu'ils nous ont vendues étoient déjà façonnées en habits ; preuve évidente qu'ils ne tuent les animaux, d'où ils les tirent, que pour se vêtir, et non dans le dessein d'en faire un commerce suivi.

Il seroit très-avantageux d'établir

avec ces tribus un trafic régulier. En augmentant le nombre de leurs besoins, on les mettroit dans le cas de se procurer plus abondamment encore des fourrures.

Le 6, nous dépasssâmes les îles *Stériles*, et marchâmes du côté du cap Saint-Hermogènes: je nommai baie de la Pentecôte un petit golfe que nous découvrîmes le 7. Après en avoir traversé l'embouchure, nous arrivâmes, le 14, à la partie la plus méridionale, et re-connûmes que c'étoit une île, à laquelle je donnai le nom d'île de la *Trinité*. La plus grande étendue de cette terre est de six lieues, dans la direction de l'est à l'ouest : nous la prîmes d'abord pour l'île nébuleuse de Behring (*Tumanmoï-os-troff*) ; mais les deux positions ne s'accordent pas.

Le 16, nous apperçûmes de nouveau le continent, après l'avoir perdu deux jours de suite, à cause des brouillards : je nommai cap *Brumeux* la pointe de terre où nous ralliâmes la côte. Plus loin, je découvris une île, que j'ai nommée Nébuleuse, et dont la situation se rapporte assez bien à celle de Behring : trois ou quatre autres îles se faisoient remarquer dans son voisinage.

Le 19, la *Découverte* tira trois coups de canon, mit en panne, et m'avertit, par un signal, qu'elle desiroit me parler. Je fus très-alarmé, et craignis qu'il ne fût survenu quelque accident, par exemple, une *voie d'eau* : j'envoyai un canot, qui revint avec le capitaine Clarke.

Cet officier me dit que trois ou quatre pirogues, remplies de naturels, étoient venues à l'arrière de son bâtiment, après l'avoir long-temps suivi. Un des Indiens ôta son chapeau, fit la révérence, et plusieurs autres gestes à la manière européenne. On lui jeta une corde ; il y attacha une petite boîte. Dès qu'il se fut apperçu que l'équipage de la *Découverte* tenoit la boîte, il articula quelques mots qu'il accompagna de diverses gesticulations, et se retira avec toutes les pirogues.

Les gens du capitaine Clarke, ne soupçonnant pas que cette boîte renfermât quelque chose, ne son-

gèrent pas à l'ouvrir avant le départ
des naturels ; encore ne l'ouvrit-on
que par hasard. On y trouva un papier plié avec soin , sur lequel
étoient tracés des caractères , que
l'on jugea être des lettres russes. En
tête étoit la date 1778 , et le corps
de l'écrit indiquoit l'année 1776.
Personne d'entre nous n'étoit capable de déchiffrer le contenu de ce
billet ; mais les chiffres arabes
annonçoient clairement que nous
avions été précédés, dans cette contrée du globe, par des hommes
civilisés. L'espoir de rencontrer
bientôt des marchands russes étoit
agréable et consolant pour nous ;
car , depuis bien long – temps,
nous n'avions vu d'autres hommes
que les sauvages de la mer pacifi-

que , ou de l'Amérique septentrionale.

Le capitaine Clarke pensa d'abord
que des Russes avoient fait naufrage
en cet endroit, et que ces infortu-
nés, appercevant nos vaisseaux ,
s'étoient avisés de nous instruire ,
par écrit, de leur situation. Brûlant
du desir de voler à leur secours, il
m'avoit fait un signal pour me prier
de l'attendre. Il venoit s'entendre
avec moi , sur les moyens d'exécuter l'œuvre méritoire qu'il pro-
jetoit.

Mais je ne crus pas qu'il fût
question de naufrage dans la lettre ;
dans ce cas, les hommes, abandon-
nés sur cette terre barbare, n'auroient pas manqué de nous dépê-
cher un ou plusieurs d'entre eux,

afin de se procurer plus sûrement
notre assistance. Je jugeai donc que
cette lettre avoit été écrite par des
négocians russes, qui, récemment,
avoient atterri sur cette côte, et
qu'elle contenoit des renseignemens
pour ceux de leurs compatriotes qui
y viendroient après eux. Les Indiens
nous ayant apperçus, et nous prenant pour des Russes, avoient pris
le parti de nous l'apporter, dans
l'espoir que nous séjournerions chez
eux.

Convaincu de la réalité de cette
supposition, je ne m'arrêtai point
pour la vérifier. Je remis promptement à la voile, et voguai le long
de la côte, ou, pour parler plus cor-
rectement, le long des îles; car je
n'eus pas le temps de reconnoître si

les terres, que nous avions en vue, étoient isolées, ou faisoient partie du continent.

Le 21, une petite pirogue, dirigée par un seul homme, partit d'une grande île voisine (l'île de la *Plie*), et s'approcha de la *Résolution*. Il ôta son chapeau, et fit les mêmes révérences que ceux qui, la veille, avoient abordé la *Découverte*. Ces indices suffisoient pour démontrer que les Russes ont des relations avec les naturels de cette côte ; mais nous en eûmes bientôt une nouvelle preuve. L'Américain en question portoit des culottes de drap verd, et, par-dessous son surtout de boyaux, une jaquette de laine noire.

Les seules choses qu'il eût à ven-

dre étoient une peau de renard
gris, divers ustensiles, et des har-
pons de pêche, dont les pointes
étoient des morceaux d'os de plus
d'un pied de longueur, artistement
travaillés. Il avoit dans sa pirogue
une vessie remplie d'une substance,
que nous jugeâmes être de l'huile ;
il l'ouvrit, en avala une gorgée, et
la referma.

Son canot étoit du même genre
de construction que ceux que nous
avions vus précédemment, mais les
dimensions en étoient plus petites. Il
le manœuvroit avec une pagaye à
double pale. Du reste, il ressembloit absolument, par sa taille et
par les traits de son visage, aux naturels de l'anse du Prince-Guillaume
et de la rivière de Cook. Il n'avoit

aucune peinture sur son corps ; sa lèvre étoit trouée obliquement, et dépourvue de toutes décorations. Nous lui adressâmes quelques-uns des mots que répétoient souvent les Américains que nous avions quittés les derniers : il ne parut pas les entendre. La faute en étoit sans doute, plutôt au vice de notre prononciation qu'à son ignorance de l'idiome.

Le 27, la terre nous environna de tous côtés ; au sud, elle sembloit former plusieurs îles ; mais nous reconnûmes que ce n'en étoit qu'une seule, connue sous le nom d'*Oonalashka*. Nous distinguâmes, sur une pointe de terre, plusieurs naturels et leurs habitations ; d'autres, dans leurs pirogues, s'occupoient à remorquer deux baleines, qu'ils ve-

noient vraisemblablement de tuer.
Il n'en vint qu'un petit nombre trafiquer avec nous ; encore ne vouloient-ils pas rester long-temps ; ils se montroient timides et réservés. Nous eûmes lieu de croire qu'ils avoient déjà vu des bâtimens semblables aux nôtres. La politesse, dont ils usoient à notre égard, est sans exemple chez les peuples barbares.

Le 28, tandis que nous étions à l'ancre, un jeune Indien chavira dans son canot, et tomba dans la mer : nos gens le sauvèrent. La pirogue, devenue le jouet des flots, fut recueillie par un autre insulaire, qui la ramena à la côte. Ce contre-temps força le jeune homme de venir sur mon bord ; il descendit sans

répugnance dans ma chambre. Il
avoit, comme les autres Américains
de cette côte, un surtout en forme
de chemise de boyaux de baleine,
et par dessous une robe de peaux
d'oiseaux, garnies de plumes, et
proprement cousues. Le côté des plumes étoit posé sur la chair. Il avoit
grossièrement raccommodé cet habit avec des morceaux d'étoffe de
soie ; son chapeau étoit décoré de
grains de verre de deux ou trois
espèces.

Voyant ses habits mouillés, je
lui en donnai d'autres, qu'il revêtit
avec beaucoup d'aisance. Son main-
tien et celui de plusieurs autres
de ses compatriotites nous firent
voir que les Européens et diverses
parties de nos usages leur étoient
connus.

connus. Au surplus, nos vaisseaux excitoient singulièrement leur curiosité ; ceux à qui il fut impossible de s'y rendre dans des pirogues, se rassemblèrent sur les collines voisines pour les considérer à leur aise.

Dans le même jour, un autre habitant nous apporta une seconde lettre russe. Bien qu'elle me fût inutile, elle pouvoit servir à d'autres. Je la rendis au porteur que je renvoyai avec des présens. Cet homme me fit plusieurs salutations profondes.

Le lendemain, je remarquai sur la grève un groupe d'insulaires des deux sexes, qui mangeoient des poissons crus avec autant de plaisir que nous mangerions un turbot

assaisonné de la sauce la plus dé-
licate.

Le hâvre où nous mouillâmes est appelé *Samganoodha* par les naturels : il gît sur la côte septen-trionale.

FIN DU TOME DEUXIÈME.

TABLE

DES CHAPITRES

contenus dans le tome deuxième
du troisième Voyage.

Troisième Voyage du capitaine Cook.

CHAP. VII. Départ de Tongataboo et des
îles des Amis. — Détails sur les naturels de ces îles. — Famille des
Tammahas,   pages 1

CHAP. VIII. Isle de Toobouai. — Arrivée à Otahiti. — Réception que l'on
fait à O-maï. — Voyage de deux
vaisseaux espagnols ,   25

CHAP. IX. Entrevue avec O-too. —
Imprudence d'O-maï. — Sacrifice
d'une victime humaine. — Entreprise
des Otahitiens contre l'île d'Eiméo, 42

CHAP. X. Paix entre les Otahitiens et
ceux d'Eiméo. — Relâche à Huaheine.
— Arrivée à Uliétéa. — Conspiration
des habitans,   74

240 TABLE DES CHAPITRES.

CHAP. XI. Arrivée à Bolabola. — Entrevue avec le chef Opoony. — Départ des îles de la Société. — Découverte de l'île de Noël. — Deux matelots s'égarent. — Arrivée aux îles Sandwich ,   110

CHAP. XII. Arrivée sur la côte occidentale d'Amérique. — Relations commerciales avec les habitans de l'entrée de Nootka,   138

CHAP. XIII. Tempête à la sortie de Nootka. — Suite du relèvement de la côte d'Amérique. — Baie de Behring. — Isle de Kaye. — Relâche dans l'anse du Prince-Guillaume. — Conduite des naturels,   161

CHAP. XIV. Description des naturels de l'anse du Prince-Guillaume. — Productions animales, végétales, et minérales,   184

CHAP. XV. Suite de la reconnoissance de la côte nord - ouest d'Amérique. Position de différens caps. — Rivière de Cook.—Arrivée à Oonalashka,   212

FIN DE LA TABLE.